卞尺丹几乙し丹卞と

Translated Language Learning

Gwlad y Deillion

The Country of the Blind

H.G. Wells

Cymraeg / English

Copyright © 2023 Tranzlaty
All rights reserved.
Published by Tranzlaty
ISBN: 978-1-83566-203-8
Original text by H.G. Wells
The Country of the Blind
First published in English in 1904
www.tranzlaty.com

Gwlad y Deillion
The Country of the Blind

Tri chan milltir a mwy o Chimborazo
Three hundred miles and more from Chimborazo
100 milltir o eira Cotopaxi
one hundred miles from the snows of Cotopaxi
yn y gwastraff mwyaf gwyllt o Andes Ecwador
in the wildest wastes of Ecuador's Andes
Torri i ffwrdd oddi wrth y byd i gyd o ddynion
cut off from all the world of men
Mae dyffryn mynydd dirgel
there lies the mysterious mountain valley
Gwlad y Deillion
the Country of the Blind
Flynyddoedd maith yn ôl, roedd y dyffryn hwnnw ar agor i'r byd
Long years ago, that valley was open to the world
Daeth dynion trwy geunentydd brawychus a thros bas rhewllyd
men came through frightful gorges and over an icy pass
oddi yno gallent fynd i mewn i ddolydd huawdl y dyffryn
from there they could get into the valley's equable meadows
a gwŷr a ddaethant yn wir i'r dyffryn fel hyn
and men did indeed come to the valley this way
daeth rhai teuluoedd o hanner bridiau Periw
some families of Peruvian half-breeds came
roeddent yn ffoi rhag gormes rheolwr Sbaenaidd drwg
they were fleeing from the tyranny of an evil Spanish ruler
Yna daeth yr achos stupendous o Mindobamba
Then came the stupendous outbreak of Mindobamba
Roedd hi'n nos yn Quito am ddau ddiwrnod ar bymtheg
it was night in Quito for seventeen days
ac roedd y dŵr yn berwi yn Yaguachi
and the water was boiling at Yaguachi
roedd y pysgod yn marw cyn belled â Guayaquil

the fish were dying as far as Guayaquil
ym mhob man ar hyd llethrau'r Môr Tawel roedd tirlithriadau
everywhere along the Pacific slopes there were land-slips
a bu dadmer cyflym a llifogydd sydyn
and there was swift thawings and sudden floods
llithrodd un ochr gyfan o'r hen arfbais Arauca
one whole side of the old Arauca crest slipped
Daeth y cyfan i lawr mewn munud di-dor
it all came down in a thunderous moment
mae hyn yn torri mynediad i wlad y deillion am byth
this cut off access to the Country of the Blind for ever
archwilio traed o ddynion meddwl y ffordd honno dim mwy
the exploring feet of men wondered that way no more
Ond digwyddodd un o'r ymsefydlwyr cynnar hyn fod yn agos gan
But one of these early settlers happened to be close by
yr oedd ar ochr arall y ceunant y diwrnod hwnnw
he was on the other side of the gorges that day
y diwrnod y mae'r byd wedi ysgwyd mor ofnadwy ei hun
the day that the world had so terribly shaken itself
Bu'n rhaid iddo anghofio ei wraig a'i blant
he had to forget his wife and his children
Ac roedd yn rhaid iddo anghofio ei holl ffrindiau a'i feddiannau
and he had to forget all his friends and possessions
Bu'n rhaid iddo ddechrau bywyd eto
and he had to start life over again
Bywyd newydd yn y byd isaf
a new life in the lower world
ond daliodd salwch a dallineb arno
but illness and blindness took hold of him
a bu farw o gosb yn y pyllau glo
and he died of punishment in the mines
ond mae'r stori a ddywedodd yn genhedlu chwedl
but the story he told begot a legend

chwedl sy'n aros hyd heddiw
a legend that lingers to this day
ac mae'n teithio hyd yr Andes
and it travels the length of Andes
Dywedodd am ei reswm dros fentro yn ôl o'r cyflymdra hwnnw
He told of his reason for venturing back from that fastness
y lle y cafodd ei gario i mewn iddo
the place into which he had been carried
cymerwyd ef i'r lle hwnnw pan oedd yn blentyn
he had been taken to that place as a child
wedi'i olchi i llama, wrth ymyl bale helaeth o gêr
lashed to a llama, beside a vast bale of gear
Dywedodd fod gan y dyffryn bopeth y gallai calon dyn ei ddymuno
He said the valley had all that the heart of man could desire
dŵr melys, porfa, hyd yn oed hinsawdd
sweet water, pasture, an even climate
llethrau o bridd brown cyfoethog a thonglau llwyn
slopes of rich brown soil and tangles of a shrub
Siaradodd am lwyni a esgorodd ffrwyth ardderchog
he spoke of bushes that bore an excellent fruit
Ar un ochr roedd coedwigoedd crog mawr o binwydd
on one side there were great hanging forests of pine
Roedd y pinwydd wedi dal yr eirlithriadau'n uchel
the pine had held the avalanches high
Ymhell dros ben, ar dair ochr, roedd clogwyni enfawr
Far overhead, on three sides, there were vast cliffs
Roedden nhw o graig lwyd-wyrdd
they were of a grey-green rock
ac ar y top roedd capiau o iâ
and at the top there were caps of ice
ond ni ddaeth llif y rhewlif atynt
but the glacier stream came not to them
llifodd i ffwrdd gan y llethrau ffarmwr
it flowed away by the farther slopes

a dim ond yn awr ac yna fe gwympodd masau iâ enfawr
and only now and then huge ice masses fell
Yn y dyffryn hwn, nid oedd hi'n bwrw glaw nac yn bwrw eira
In this valley it neither rained nor snowed
ond rhoddodd y ffynhonnau toreithiog borfa werdd gyfoethog
but the abundant springs gave a rich green pasture
Ymledodd eu dyfrhau dros holl ofod y dyffryn
their irrigation spread over all the valley space
Gwnaeth yr ymsefydlwyr yno yn dda iawn
The settlers there did well indeed
Roedd eu hanifeiliaid yn gwneud yn dda ac yn cynyddu
Their beasts did well and multiplied
dim ond un peth yn difetha eu hapusrwydd
only one thing marred their happiness
Ac roedd yn ddigon i ddiflasu eu hapusrwydd yn fawr
And it was enough to mar their happiness greatly
Roedd afiechyd rhyfedd wedi dod arnyn nhw
A strange disease had come upon them
a wnaeth eu plant i gyd yn ddall
it made all their children blind
Cafodd ei anfon i ddod o hyd i ryw swyn neu antidote
He was sent to find some charm or antidote
iachâd yn erbyn y pla hwn o ddallineb
a cure against this plague of blindness
felly dychwelodd i lawr y ceunant
so he returned down the gorge
ond nid heb flinder, perygl ac anhawster
but not without fatigue, danger, and difficulty
Yn y dyddiau hynny nid oedd dynion yn meddwl am germau
In those days men did not think of germs
Esboniodd pechod pam fod hyn wedi digwydd
sin explained why this had happened
Dyna beth oedd yn meddwl hefyd

this is what he thought too
Roedd achos i'r gorthrymder hwn
there was a cause for this affliction
Roedd y mewnfudwyr wedi bod heb offeiriad
the immigrants had been without a priest
Roeddynt wedi methu â sefydlu cysegrfa
they had failed to set up a shrine
Dylai hyn fod y peth cyntaf a wnaeth
this should have been the first thing they did
Roedd eisiau adeiladu cysegrfa
He wanted to build a shrine
cysegr golygus, rhad, effeithiol
a handsome, cheap, effectual shrine
Roedd eisiau iddo gael ei godi yn y dyffryn
he wanted it to be erected in the valley
Roedd eisiau creiriau ac fel hyn
he wanted relics and such-like
Roedd arno eisiau pethau grymus o ffydd
he wanted potent things of faith
Roedd eisiau gwrthrychau bendigedig a medalau dirgel
he wanted blessed objects and mysterious medals
ac roedd yn teimlo bod angen gweddïau arnynt
and he felt they needed prayers
Yn ei waled roedd ganddo far o arian
In his wallet he had a bar of silver
Ond ni fyddai'n dweud o ble'r oedd
but he would not say from where it was
Mynnodd nad oedd arian yn y dyffryn
he insisted there was no silver in the valley
ac roedd ganddo fynnu celwydd anarbenigol
and he had the insistence of an inexpert liar
Roedden nhw wedi casglu eu harian a'u haddurniadau
They had collected their money and ornaments
Dywedodd nad oedd fawr o angen am drysor o'r fath
he said they had little need for such treasure
Dywedodd wrthyn nhw y byddai'n prynu cymorth

sanctaidd iddyn nhw
he told them he would buy them holy help
Er bod hyn yn groes i'w hewyllys
even though this was against their will
Cafodd ei losgi'n heulog, yn gythryblus ac yn bryderus
he was sunburnt, gaunt, and anxious
Nid oedd yn gyfarwydd â ffyrdd y byd isaf
he was unused to the ways of the lower world
cydio yn ei het yn ddwys fe adroddodd ei stori
clutching his hat feverishly he told his story
Adroddodd ei stori wrth ryw offeiriad brwdfrydig
he told his story to some keen-eyed priest
Sicrhaodd rai rhwymedïau sanctaidd
he secured some holy remedies
dŵr bendigedig, cerfluniau, croesau a llyfrau gweddi
blessed water, statues, crosses and prayer books
a cheisiodd ddychwelyd ac achub ei bobl
and he sought to return and save his people
daeth i'r lle roedd y ceunant
he came to the where the gorge had been
ond o'i flaen roedd toreth o gerrig wedi disgyn
but in front of him was a mass of fallen stone
Dychmygwch ei siom anfeidrol
imagine his infinite dismay
Cafodd ei ddiarddel gan natur o'i dir
he had been expelled by nature from his land
Ond mae gweddill ei stori o gamsbasu yn cael ei golli
But the rest of his story of mischances is lost
Y cyfan rydyn ni'n gwybod amdano yw ei farwolaeth ddrwg ar ôl sawl blwyddyn
all we know of is his evil death after several years
strae wael o'r anghysbell hwnnw!
a poor stray from that remoteness!
Roedd y nant a oedd unwaith wedi gwneud y ceunant yn dargyfeirio
The stream that had once made the gorge diverted

Nawr mae'n byrstio o geg ogof creigiog
now it bursts from the mouth of a rocky cave
ac fe gymerodd chwedl ei stori ar ei bywyd ei hun
and the legend of his story took on its own life
Datblygodd yn chwedl efallai y bydd rhywun yn dal i glywed heddiw
it developed into the legend one may still hear today
Ras o ddynion dall "rywle draw yno"
a race of blind men "somewhere over there"
Erbyn hyn roedd y boblogaeth fach yn ynysig
the little population was now isolated
anghofiwyd y cwm gan y byd y tu allan
the valley was forgotten by the outside world
a'u clefyd yn rhedeg ei gwrs
and their disease ran its course
Roedd yn rhaid i'r hen grope i ddod o hyd i'w ffordd
The old had to grope to find their way
Gallai'r ifanc weld ychydig, ond yn fach
the young could see a little, but dimly
a'r newydd-anedig erioed wedi gweld o gwbl
and the newborns never saw at all
Ond roedd bywyd yn hawdd iawn yn y cwm
But life was very easy in the valley
Nid oedd drain na briars
there were neither thorns nor briars
Nid oedd pryfaid drwg yn y tir
there were no evil insects in the land
ac nid oedd bwystfilod peryglus
and there were no dangerous beasts
brîd ysgafn o lamas yn pori'r dyffryn
a gentle breed of llamas grazed the valley
roedd y rhai a allai weld wedi mynd yn burblind yn raddol
those that could see had become purblind gradually
felly prin y sylwwyd ar eu colled
so their loss was scarcely noticed
Arweiniodd yr henuriaid y bobl ifanc di-fai

The elders guided the sightless youngsters
a buan yr oedd yr ifanc yn adnabod yr holl ddyffryn yn rhyfeddol
and the young soon knew the whole valley marvellously
Hyd yn oed pan fu farw'r olwg ddiwethaf, roedd y ras yn byw ar
even when the last sight died out, the race lived on
Roedd digon o amser i addasu
There had been enough time to adapt
Dysgon nhw reolaeth tân
they learned the control of fire
maent yn ei roi yn ofalus mewn stofiau o gerrig
they carefully put it in stoves of stone
Ar y dechrau roeddent yn straen syml o bobl
at first they were a simple strain of people
nad ydynt erioed wedi cael llyfrau nac ysgrifennu
they had never had books or writing
a dim ond ychydig o gyffyrddiad a gawsant gan wareiddiad Sbaen
and they were only slightly touched by Spanish civilisation
er bod ganddynt rai o draddodiadau a chelfyddydau Periw
although they had some of the Peruvian traditions and arts
a chadwasant rai o'r athroniaethau hynny yn fyw
and they kept some of those philosophies alive
Cenhedlaeth yn dilyn cenhedlaeth
Generation followed generation
Anghofiasant lawer o'r byd
They forgot many things from the world
ond fe wnaethant hefyd ddyfeisio llawer o bethau newydd
but they also devised many new things
daeth y byd mwyaf y daethon nhw ohono yn chwedlonol
the greater world they came from became mythical
Roedd y lliwiau a'r manylion yn ansicr
colours and details were uncertain
a daeth cyfeiriad at y golwg yn drosiad
and reference to sight became a metaphor

Ym mhob peth ar wahân i'w golwg roeddent yn gryf ac yn alluog
In all things apart from sight they were strong and able
O bryd i'w gilydd ganwyd un â meddwl gwreiddiol iddynt
occasionally one with an original mind was born to them
Rhywun sy'n gallu siarad a pherswadio
someone who could talk and persuade
Bu farw'r rhain, gan adael eu heffeithiau
These passed away, leaving their effects
a thyfodd y gymuned fach mewn niferoedd
and the little community grew in numbers
a'u dealltwriaeth o'u byd yn tyfu
and their understanding of their world grew
ac fe wnaethant ddatrys problemau cymdeithasol ac economaidd a gododd
and they settled social and economic problems that arose
Cenedlaethau yn dilyn mwy o genedlaethau
Generations followed more generations
Roedd pymtheg cenhedlaeth wedi mynd heibio ers i'r hynafiaethydd hwnnw adael
fifteen generations had passed since that ancestor left
hynafgwr yr hwn a gymerodd y bar o arian
the ancestor who took the bar of silver
yr hynafgwr a aeth i chwilio am gymorth Duw
the ancestor who went to find God's aid
hynafgwr na ddychwelodd i'r dyffryn
the ancestor who never returned to the valley
ond pymtheg cenhedlaeth yn ddiweddarach daeth dyn newydd
but fifteen generations later a new man came
Dyn o'r tu allan i'r byd
a man from the outside world
Dyn oedd yn digwydd dod o hyd i ddyffryn y deillion
a man who happened to find the valley of the blind
Dyma stori'r dyn hwnnw
this is the story of that man

Roedd yn fynyddwr o'r wlad ger Quito
He was a mountaineer from the country near Quito
Dyn a oedd wedi bod i lawr i'r môr
a man who had been down to the sea
Dyn a welodd y byd
a man who had seen the world
Darllenydd Llyfrau mewn Ffordd Wreiddiol
a reader of books in an original way
Dyn acíwt a mentrus
an acute and enterprising man
roedd wedi cael ei gymryd ymlaen gan barti o Saeson
he had been taken on by a party of Englishmen
daethant allan i Ecuador i ddringo mynyddoedd
they had come out to Ecuador to climb mountains
disodlodd un o'u tywyswyr a oedd wedi mynd yn sâl
he replaced one of their guides who had fallen ill
Roedd wedi dringo llawer o fynyddoedd y byd
He had climbed many mountains of the world
ac yna daeth yr ymgais ym Mynydd Parascotopetl
and then came the attempt at Mount Parascotopetl
Hwn oedd Matterhorn yr Andes
this was the Matterhorn of the Andes
Yma cafodd ei golli i'r byd allanol
here he was lost to the outer world
Mae stori'r ddamwain honno wedi cael ei hysgrifennu ddwsin o weithiau
The story of that accident has been written a dozen times
Naratif Pointer yw'r disgrifiad gorau o ddigwyddiadau
Pointer's narrative is the best account of events
Mae'n sôn am y criw bach o fynyddwyr
He tells about the small group of mountaineers
Mae'n disgrifio eu ffordd anodd a bron fertigol i fyny
he describes their difficult and almost vertical way up
i'r droed o'r olaf a'r mwyaf dyodiad
to the very foot of the last and greatest precipice
Mae ei gyfrif yn sôn am sut y gwnaethon nhw adeiladu

lloches nos
his account tells of how they built a night shelter
yng nghanol yr eira ar silff fach o graig
amidst the snow upon a little shelf of rock
Mae'n adrodd y stori gyda chyffyrddiad o bŵer dramatig go iawn
he tells the story with a touch of real dramatic power
Nunez wedi mynd oddi wrthynt yn y nos
Nunez had gone from them in the night
Roedden nhw'n gweiddi, ond doedd dim ateb
They shouted, but there was no reply
Ac am weddill y noson honno ni chysguasant mwy.
and for the rest of that night they slept no more
Wrth i'r bore dorri gwelsant olion ei gwymp
As the morning broke they saw the traces of his fall
Mae'n ymddangos yn amhosibl y gallai fod wedi uttered sain
It seems impossible he could have uttered a sound
Roedd wedi llithro tua'r dwyrain
He had slipped eastward
tuag at yr ochr anhysbys i'r mynydd
towards the unknown side of the mountain
Ymhell islaw roedd wedi taro llethr serth o eira
far below he had struck a steep slope of snow
ac mae'n rhaid ei fod wedi cwympo yr holl ffordd i lawr
and he must have tumbled all the way down it
yng nghanol eirlithriad eira
in the midst of a snow avalanche
Aeth ei drac yn syth i ymyl dibynnydd brawychus
His track went straight to the edge of a frightful precipice
a thu hwnt i hynny yr oedd popeth yn guddiedig
and beyond that everything was hidden
Ymhell islaw, ac yn niwlog o bell, gallent weld coed yn codi
Far below, and hazy with distance, they could see trees rising
allan o ddyffryn cul, caeedig
out of a narrow, shut-in valley

Gwlad goll y deillion
the lost Country of the Blind
Ond doedden nhw ddim yn gwybod mai gwlad y deillion oedd hi.
But they did not know it was the Country of the Blind
ni allent ei wahaniaethu oddi wrth unrhyw ddyffryn cul arall
they could not distinguish it from any other narrow valley
Heb eu nerfio gan y trychineb hwn, fe wnaethant gefnu ar eu hymgais
Unnerved by this disaster, they abandoned their attempt
a galwyd Pointer i ffwrdd i'r rhyfel
and Pointer was called away to the war
Yn ddiweddarach gwnaeth ymdrech arall ar y mynydd
later he did make another attempt at the mountain
Hyd heddiw Parascotopetl yn codi arfbais heb ei orchfygu
To this day Parascotopetl lifts an unconquered crest
a chrymblau cysgod Pointer yn ddiymhongar, yng nghanol yr eira
and Pointer's shelter crumbles unvisited, amidst the snows
Ac mae'r dyn a syrthiodd wedi goroesi...
And the man who fell survived...

Ar ddiwedd y llethr syrthiodd fil o droedfeddi
At the end of the slope he fell a thousand feet
Daeth i lawr yng nghanol cwmwl o eira
he came down in the midst of a cloud of snow
glaniodd ar lethr eira hyd yn oed yn fwy serth na'r un uwchben
he landed on a snow-slope even steeper than the one above
I lawr y llethr hwn cafodd ei chwyro
Down this slope he was whirled
syfrdanodd y cwymp ef a chollodd ymwybyddiaeth
the fall stunned him and he lost consciousness
ond ni thorrwyd asgwrn yn ei gorff
but not a bone in his body was broken

Yn olaf, syrthiodd i lawr y llethrau tynerach
finally, he fell down the gentler slopes
Ac o'r diwedd fe wnaeth ddal i
and at last he laid still
claddwyd ef yng nghanol tomen feddalu o'r eira gwyn
he was buried amidst a softening heap of the white snow
yr eira a oedd wedi mynd gydag ef a'i achub
the snow that had accompanied and saved him
Daeth ato'i hun gyda dim ffansi ei fod yn sâl yn ei wely
He came to himself with a dim fancy that he was ill in bed
Yna sylweddolodd beth oedd wedi digwydd
then he realized what had happened
gyda deallusrwydd mynyddwr fe weithiodd ei hun yn rhydd
with a mountaineer's intelligence he worked himself loose
O'r eira gwelodd y sêr
from the snow he saw the stars
Gorffwysodd yn fflat ar ei frest
He rested flat upon his chest
Roedd yn meddwl tybed lle yr oedd
he wondered where he was
Ac roedd yn meddwl tybed beth oedd wedi digwydd iddo
and he wondered what had happened to him
Archwiliodd ei goesau i chwilio am ddifrod
He explored his limbs to check for damage
darganfyddodd fod nifer o'i fotymau wedi diflannu
he discovered that several of his buttons were gone
a throwyd ei gôt dros ei ben
and his coat was turned over his head
Roedd ei gyllcll wedi mynd o'i boced
His knife had gone from his pocket
a chollwyd ei het hefyd
and his hat was lost too
er ei fod wedi ei glymu o dan ei ên
even though he had tied it under his chin
Roedd yn cofio ei fod wedi bod yn chwilio am gerrig rhydd

He recalled that he had been looking for loose stones
Roedd eisiau codi ei ran o'r wal gysgodi
he wanted to raise his part of the shelter wall
Sylweddolodd fod yn rhaid ei fod wedi syrthio
He realized he must have fallen
Ac edrychodd i fyny i weld pa mor bell yr oedd wedi syrthio
and he looked up to see how far he had fallen
Cafodd y clogwyn ei orliwio gan olau erchyll y lleuad yn codi
the cliff was exaggerated by the ghastly light of the rising moon
Roedd y cwymp a gymerodd yn aruthrol
the fall he had taken was tremendous
Am gyfnod bu'n gorwedd heb symud
For a while he lay without moving
Edrychodd yn wag ar y clogwyn llydan, gwelw
he gazed blankly at the vast, pale cliff
y mynydd yn sefyll uwch ei ben
the mountain towered above him
Bob eiliad roedd yn edrych fel ei fod yn dal i godi
each moment it looked like it kept rising
yn codi allan o lanw sybsiding o dywyllwch
rising out of a subsiding tide of darkness
Roedd ei harddwch dirgel, rhyfeddol yn ei ddal
Its phantasmal, mysterious beauty held him
ac yna fe'i cipiwyd â chwerthin sobbing
and then he was seized with sobbing laughter
Ar ôl cyfnod hir daeth yn fwy ymwybodol o
After a great interval of time he became more aware
Roedd yn gorwedd ger ymyl isaf yr eira
he was laying near the lower edge of the snow
Islaw iddo roedd y llethr yn edrych yn llai serth
Below him the slope looked less steep
Gwelodd ymddangosiad tywyll a thoredig tyweirch creigiog
he saw the dark and broken appearance of rock-strewn turf
Roedd yn ei chael hi'n anodd ei draed, gan ochneidio ym

mhob cymal
He struggled to his feet, aching in every joint
Aeth i lawr yn boenus o'r eira llac
he got down painfully from the heaped loose
Ac efe a aeth i waered nes ei fod ar y twrf
and he went downward until he was on the turf
Yno gollyngodd wrth ymyl clogfaen
there he dropped beside a boulder
yfed o'r fflât yn ei boced fewnol
he drank from the flask in his inner pocket
Ac yn syth fe syrthiodd i gysgu
and he instantly fell asleep

Cafodd ei ddeffro gan ganu adar
He was awakened by the singing of birds
Roedden nhw yn y coed islaw
they were in the trees far below
Eisteddodd i fyny a gwelodd ei fod ar alp bach
He sat up and perceived he was on a little alp
wrth droed dibyniaeth helaeth
at the foot of a vast precipice
dibyniaeth a llethr ychydig yn unig yn y gwlff
a precipice that sloped only a little in the gully
y ffordd i lawr yr oedd ef a'i eira wedi dod
the path down which he and his snow had come
yn ei erbyn fe fagodd wal arall o graig ei hun yn erbyn yr awyr
against him another wall of rock reared itself against the sky
Roedd y ceunant rhwng y dyodau hyn yn rhedeg i'r dwyrain a'r gorllewin
The gorge between these precipices ran east and west
ac roedd hi'n llawn o olau'r bore
and it was full of the morning sunlight
Mae'r haul yn goleuo'r màs gorllewinol o fynydd wedi cwympo
the sunlight lit the westward mass of fallen mountain

ei weld yn cau'r ceunant ddisgynnol
would see it closed the descending gorge
Islaw roedd yna wlybaniaeth yr un mor serth
below there was a precipice equally steep
Tu ôl i'r eira yn y gwlff daeth o hyd i fath o simnai-hollt
behind the snow in the gully he found a sort of chimney-cleft
Roedd yn diferu gyda dŵr eira
it was dripping with snow-water
Efallai y bydd dyn anobeithiol yn gallu ei fentro
a desperate man might be able to venture it
Roedd yn haws nag yr oedd yn ymddangos
He found it easier than it seemed
Ac o'r diwedd daeth i alp diffaith arall
and at last he came to another desolate alp
Roedd dringo creigiau o ddim anhawster penodol
there was a rock climb of no particular difficulty
a chyrhaeddodd lethr serth o goed
and he reached a steep slope of trees
Oddi yma llwyddodd i gael ei berynnau
from here he was able to get his bearings
trodd ei wyneb i fyny'r ceunant
he turned his face up the gorge
Fe'i gwelodd yn agor i mewn i ddolydd gwyrdd
he saw it opened into green meadows
yno y gwelai yn hollol amlwg lygedyn rhyw gytiau cerrig
there he saw quite distinctly the glimmer of some stone huts
er bod y cytiau yn edrych yn rhyfedd iawn
although the huts looked very strange
Hyd yn oed o bellter doedden nhw ddim yn edrych fel cytiau arferol
even from a distance they didn't look like normal huts
Ar adegau roedd ei gynnydd fel clambering ar hyd wyneb wal
At times his progress was like clambering along the face of a wall
Ac ar ôl cyfnod peidiodd yr haul yn codi i daro ar hyd y

ceunant
and after a time the rising sun ceased to strike along the gorge
Bu farw lleisiau'r adar canu i ffwrdd
the voices of the singing birds died away
ac mae'r aer yn tyfu yn oer ac yn dywyll
and the air grew cold and dark
Ond aeth y dyffryn pell gyda'i dai yn fwy disglair
But the distant valley with its houses got brighter
Daeth i ymyl clogwyn arall
He came to the edge of another cliff
Yr oedd yn ddyn sylwgar
he was an observant man
Ymhlith y creigiau nododd ffyn anghyfarwydd
among the rocks he noted an unfamiliar fern
Roedd yn ymddangos ei fod yn cydio allan o'r crevices gyda dwylo gwyrdd dwys
it seemed to clutch out of the crevices with intense green hands
Dewisodd rai o'r planhigion newydd hyn
He picked some of these new plants
ac efe a gurodd eu coesynnau
and he gnawed their stalks
Rhoesant iddo nerth ac egni
they gave him strength and energy

Tua hanner dydd daeth allan o wddf y ceunant
About midday he came out of the throat of the gorge
a daeth i wastadedd y dyffryn
and he came into the plain of the valley
Yma yr oedd yn yr haul eto
here he was in the sunlight again
Roedd yn stiff ac yn flinedig
He was stiff and weary
eisteddodd yng nghysgod craig
he sat down in the shadow of a rock
llanwodd ei fflasg â dŵr o ffynnon

he filled up his flask with water from a spring
Ac efe a yfodd ddwfr y ffynnon
and he drank the spring water
arhosodd lle y bu am beth amser
he remained where he was for some time
cyn mynd i'r tai roedd wedi penderfynu gorffwys
before going to the houses he had decided to rest
Roedden nhw'n rhyfedd iawn i'w lygaid
They were very strange to his eyes
Po fwyaf yr edrychodd o gwmpas, y dieithryn yr oedd y dyffryn yn ymddangos
the more he looked around, the stranger the valley seemed
Y rhan fwyaf o'i harwyneb oedd dolydd gwyrdd ffrwythlon
The greater part of its surface was lush green meadow
Roedd yn serennu gyda llawer o flodau hardd
it was starred with many beautiful flowers
cymerwyd gofal eithriadol am ddyfrhau
extraordinary care had been taken for the irrigation
ac roedd tystiolaeth o gnocio systematig
and there was evidence of systematic cropping
Yn uchel i fyny o gwmpas y dyffryn roedd wal
High up around the valley was a wall
Roedd hefyd yn ymddangos bod sianel ddŵr circumferential
there also appeared to be a circumferential water channel
Roedd y driciau bach o ddŵr yn bwydo planhigion y ddôl
the little trickles of water fed the meadow plants
Ar y llethrau uwch na hyn roedd heidiau o lamas
on the higher slopes above this were flocks of llamas
Maent yn cnwd y perlysiau sganiog
they cropped the scanty herbage
Roedd rhai llochesi ar gyfer y llamas
there were some shelters for the llamas
Fe'u hadeiladwyd yn erbyn y wal derfyn
they had been built against the boundary wall
Rhedodd y ffrydiau dyfrhau gyda'i gilydd i mewn i brif

sianel
The irrigation streams ran together into a main channel
Rhedodd y rhain i lawr canol y dyffryn
these ran down the centre of the valley
ac amgaewyd hyn bob ochr gan gist wal o uchder
and this was enclosed on either side by a wall chest high
Rhoddodd hyn ansawdd trefol i'r lle diarffordd hwn
This gave an urban quality to this secluded place
Roedd nifer o lwybrau wedi'u palmantu â cherrig du a gwyn
a number of paths were paved with black and white stones
ac roedd gan y llwybrau ymyl rhyfedd wrth yr ochr
and the paths had a strange kerb at the side
Mae hyn yn ei gwneud yn ymddangos hyd yn oed yn fwy trefol
this made it seem even more urban
Ni drefnwyd tai'r pentref canolog ar hap
The houses of the central village were not randomly arranged
Maent yn sefyll mewn rhes barhaus
they stood in a continuous row
ac roeddent ar ddwy ochr y stryd ganolog
and they were on both sides of the central street
yma ac acw y muriau od yn cael eu tyllu gan ddrws
here and there the odd walls were pierced by a door
Ond doedd dim un ffenestr i'w gweld
but there was not a single window to be seen
Cawsant eu lliwio ag afreoleidd-dra rhyfeddol
They were coloured with extraordinary irregularity
roedden nhw wedi cael eu smeario gyda rhyw fath o blastr
they had been smeared with a sort of plaster
Weithiau roedd yn llwyd, weithiau'n drab
sometimes it was grey, sometimes drab
Weithiau roedd yn llechen-lliw
sometimes it was slate-coloured
Ar adegau eraill roedd hi'n frown tywyll
at other times it was dark brown
y plastro gwyllt a eliodd y gair dall yn gyntaf

it was the wild plastering that first elicited the word blind
"Mae'n rhaid bod pwy bynnag sy'n gwneud hyn wedi bod mor ddall ag ystlum"
"whoever did this must have been as blind as a bat"
ond nodedig hefyd oedd eu glendid rhyfeddol
but also notable was their astonishing cleanness
Disgynnodd i lawr lle serth
He descended down a steep place
Ac felly y daeth ef i'r mur
and so he came to the wall
Roedd y mur hwn yn arwain y dŵr o amgylch y dyffryn
this wall led the water around the valley
a daeth i ben ger gwaelod y pentref
and it ended near the bottom of the village

Nawr roedd yn gallu gweld nifer o ddynion a menywod
He could now see a number of men and women
Roedden nhw'n gorffwys ar bentwr o laswellt
they were resting on piled heaps of grass
Ymddengys eu bod yn cymryd siesta
they seemed to be taking a siesta
Yn y rhan anghysbell roedd nifer o blant
in the remoter part there were a number of children
Ac yna, yn nes ato, roedd tri dyn
and then, nearer to him, there were three men
Roedden nhw'n cario pails ar hyd llwybr bach
they were carrying pails along a little path
rhedai'r llwybrau o'r mur tuag at y tai
the paths ran from the wall towards the houses
Gwisgwyd y dynion mewn dillad o liain llama.
The men were clad in garments of llama cloth
a'u esgidiau a'u gwregysau o ledr
and their boots and belts were of leather
a gwisgent gapiau o frethyn
and they wore caps of cloth
Maent yn dilyn ei gilydd mewn un ffeil

They followed one another in single file
maent yn hwylio wrth iddynt gerdded yn araf
they yawned as they slowly walked
fel y rhai sydd wedi bod yn codi drwy'r nos
like men who have been up all night
Roedd eu mudiad yn ymddangos yn llewyrchus ac yn barchus
Their movement seemed prosperous and respectable
Dim ond am eiliad y betiodd Nunez
Nunez only hesitated for a moment
Ac yna daeth allan o'r tu ôl i'w graig
and then he came out from behind his rock
rhoddodd fent i weiddi nerthol
he gave vent to a mighty shout
a'i lais yn atseinio rownd y dyffryn
and his voice echoed round the valley
Stopiodd y tri dyn a symud eu pennau
The three men stopped and moved their heads
Ymddengys eu bod yn edrych o gwmpas
They seemed to be looking around
Fe wnaethant droi eu hwynebau fel hyn a'r ffordd honno
They turned their faces this way and that way
a Nunez gesticulated wyllt
and Nunez gesticulated wildly
Ond nid oeddent yn ei weld yn
But they did not appear to see him
er gwaethaf ei holl chwifio a'i ystumiau
despite all his waving and gestures
Yn y diwedd safasant eu hunain tuag at y mynyddoedd
eventually they stood themselves towards the mountains
Roedd y rhain ymhell i'r dde
these were far away to the right
a gwaeddasant fel pe baent yn ateb
and they shouted as if they were answering
Nunez bawled eto, ac efe a gestured aneffeithiol
Nunez bawled again, and he gestured ineffectually

"Rhaid i'r ffyliaid fod yn ddall," meddai
"The fools must be blind," he said
Doedd yr holl weiddi a sgrechian ddim yn helpu
all the shouting and waving didn't help
felly croesodd Nunez y nant gan bont fach
so Nunez crossed the stream by a little bridge
Daeth trwy ddrws yn y wal
he came through a gate in the wall
ac aeth atynt yn uniongyrchol
and he approached them directly
Yr oedd yn sicr eu bod yn ddall
he was sure that they were blind
yr oedd yn sicr mai hon oedd gwlad y deillion
he was sure that this was the Country of the Blind
y wlad y mae'r chwedlau yn dweud amdani
the country of which the legends told
Roedd ganddo ymdeimlad o antur fawr
he had a sense of great adventure

Safodd y tri ochr yn ochr
The three stood side by side
Ond nid oeddent yn edrych arno
but they did not look at him
Fodd bynnag, cyfeiriwyd eu clustiau ato
however, their ears were directed towards him
Fe'i bernir gan ei gamau anghyfarwydd
they judged him by his unfamiliar steps
Roedden nhw'n sefyll yn agos at ei gilydd, fel dynion ychydig yn ofnus
They stood close together, like men a little afraid
Ac roedd yn gallu gweld bod eu hamrannau ar gau a'u suddo
and he could see their eyelids were closed and sunken
fel pe bai'r peli iawn oddi tano wedi crebachu i ffwrdd
as though the very balls beneath had shrunk away
Roedd mynegiant ger awch ar eu hwynebau

There was an expression near awe on their faces
'Dyn,' meddai un wrth y lleill
"A man," one said to the others
Go brin fod Nunez yn adnabod y Sbaenwyr
Nunez hardly recognized the Spanish
"Dyn ydyw. Neu mae'n ysbrydion"
"A man it is. Or it a spirit"
"Mae'n dod i lawr o'r creigiau"
"he come down from the rocks"
Nunez ymlaen gyda'r camau hyderus
Nunez advanced with the confident steps
fel person ifanc sy'n mynd i mewn i fywyd
like a youth who enters upon life
Holl hen straeon y cwm coll
All the old stories of the lost valley
holl storiau gwlad y deillion
all the stories of the Country of the Blind
Mae popeth yn dod yn ôl i'w feddwl
it all come back to his mind
a thrwy ei feddyliau yn rhedeg hen ddihareb
and through his thoughts ran an old proverb
"Yng ngwlad y deillion..."
"In the Country of the Blind..."
"... Mae'r dyn un-eyed yn frenin.'
"...the One-Eyed Man is King"
"Yng ngwlad y deillion y mae'r dyn unllygeidiog yn frenin."
"In the Country of the Blind the One-Eyed Man is King"
yn hael iawn rhoddodd gyfarchiad iddynt
very civilly he gave them greeting
Siaradodd â nhw a defnyddio ei lygaid
He talked to them and used his eyes
"Ble mae'n dod, y brawd Pedro?" gofynnodd un
"Where does he come from, brother Pedro?" asked one
'O'r tu allan i'r creigiau'
"from out of the rocks"
"Rwy'n dod o dros y mynyddoedd," meddai Nunez

"I come from over the mountains," said Nunez
"Rwy'n dod o'r wlad lle gall dynion weld"
"I'm from the country where where men can see"
"Dw i'n dod o rywle yn agos i Bogota"
"I'm from a place near Bogota"
'Mae cannoedd o filoedd o bobl yn bresennol'
"there there are hundreds of thousands of people"
"Mae'r ddinas mor fawr mae'n mynd dros y gorwel"
"the city is so big it goes over the horizon"
"Golwg?" mwgwd Pedro
"Sight?" muttered Pedro
"Mae'n dod allan o'r creigiau," meddai'r ail ddyn dall
"He comes out of the rocks," said the second blind man
Roedd dillad eu cotiau yn hynod o ffasiwn
The cloth of their coats was curiously fashioned
Roedd pob patsh o fath gwahanol o stitching
each patch was of a different sort of stitching
Dechreuon nhw ef gan fudiad ar y pryd tuag ato
They startled him by a simultaneous movement towards him
Roedd gan bob un ei law wedi ei estyn allan
each of them had his hand outstretched
Fe gamodd yn ôl o flaen y bysedd lledu hyn
He stepped back from the advance of these spread fingers
'Dewch yma,' meddai'r trydydd dyn dall
"Come hither," said the third blind man
a dilynodd gynnig Nunez
and he followed Nunez' motion
Daliodd ef yn gyflym
he quickly had hold of him
daliasant Nunez a'i deimlo dros
they held Nunez and felt him over
Ni ddywedasant ddim mwy nes iddynt gael eu gwneud
they said no word further until they were done
"Ofalus!" ebychodd, gyda bys yn ei lygad
"Careful!" he exclaimed, with a finger in his eye
Roedden nhw wedi dod o hyd i organ ryfedd arno

they had found a strange organ on him
'Mae ganddo groen yn smwddio'
"it has fluttering skin"
"Mae'n rhyfedd iawn"
"it is very strange indeed"
Aethant drosodd eto
They went over it again
"Mae creadur rhyfedd, Correa," meddai'r un o'r enw Pedro
"A strange creature, Correa," said the one called Pedro
'Teimlo'r sgarmes ei gwallt'
"Feel the coarseness of his hair"
"Mae fel gwallt llama"
"it's like a llama's hair"
"Rough mae e fel y creigiau wnaeth ei genhedlu," meddai Correa
"Rough he is as the rocks that begot him," said Correa
ac ymchwiliodd i ên hafan Nunez
and he investigated Nunez's unshaven chin
Roedd ei ddwylo'n feddal ac ychydig yn llaith
his hands were soft and slightly moist
'Efallai y bydd yn tyfu'n well'
"Perhaps he will grow finer"
Ceisiodd Nunez ryddhau'i hun o'u harchwiliad
Nunez tried to free himself from their examination
ond yr oedd ganddynt afael gadarn arno
but they had a firm grip on him
"Ofalus," meddai eto "mae'n siarad"
"Careful," he said again "he speaks"
"Gallwn fod yn sicr ei fod yn ddyn"
"we can be sure that he is a man"
"Hw!" meddai Pedro, ar garwedd ei gôt
"Ugh!" said Pedro, at the roughness of his coat
"Wyt ti wedi dod i'r byd?" gofynnodd Pedro
"And you have come into the world?" asked Pedro
"Dw i'n dod o'r byd allan yna"
"I come from the world out there"

"Rwy'n dod o dros fynyddoedd a rhewlifoedd"
"I come from over mountains and glaciers"
'Hanner ffordd i'r haul'
"it is half-way to the sun"
"Allan o'r byd mawr, mawr sy'n mynd i lawr"
"Out of the great, big world that goes down"
'Taith 12 diwrnod i'r môr'
"twelve days' journey to the sea"
Prin yr ymddangosent ei fod yn gwrando arno
They scarcely seemed to heed him
"Mae ein tadau wedi dweud pethau fel hyn wrthym"
"Our fathers have told us of such things"
"Gall dynion gael eu gwneud gan luoedd natur," meddai Correa
"men may be made by the forces of Nature," said Correa
"Gadewch inni ei arwain at yr henuriaid," meddai Pedro
"Let us lead him to the elders," said Pedro
"Gweiddi gyntaf," meddai Correa
"Shout first," said Correa
'Efallai y bydd y plant yn ofni'
"the children might be afraid"
"Mae hwn yn achlysur gwych"
"This is a marvellous occasion"
Felly dyma nhw'n gweiddi ar eraill
So they shouted to the others
Pedro cymryd Nunez â llaw
Pedro took Nunez by the hand
ac efe a'i dug ef i'r tai
and he lead him to the houses
Tynnodd ei law i ffwrdd
He drew his hand away
'Dwi'n gallu gweld,' meddai
"I can see," he said
'Gweld?' meddai Correa
"to see?" said Correa
"Ydw, gallaf weld gyda fy llygaid," meddai Nunez

"Yes, I can see with my eyes," said Nunez
ac efe a drodd tuag ato ef
and he turned towards him
ond baglu yn erbyn mechnïaeth Pedro
but he stumbled against Pedro's pail
"Mae ei synhwyrau yn dal i fod yn amherffaith," meddai'r trydydd dyn dall
"His senses are still imperfect," said the third blind man
"Mae'n baglu ac yn siarad geiriau diystyr"
"He stumbles, and talks unmeaning words"
'Ei roi â llaw'
"Lead him by the hand"
'Fel y byddwch chi,' meddai Nunez
"As you will" said Nunez
ac fe'i harweiniwyd ar hyd
and he was led along
Ond roedd yn rhaid iddo chwerthin am y sefyllfa
but he had to laugh at the situation
Mae'n ymddangos nad oeddent yn gwybod unrhyw beth o'r golwg
it seemed they knew nothing of sight
"Byddaf yn eu dysgu yn ddigon buan," meddyliodd wrtho'i hun
"I will teach them soon enough," he thought to himself

Roedd yn clywed pobl yn gweiddi
He heard people shouting
a gwelodd nifer o ffigurau yn ymgasglu at ei gilydd
and he saw a number of figures gathering together
Fe'u gwelodd yn ffordd ganol y pentref
he saw them in the middle roadway of the village
Roedd y cyfan yn trethu ei nerfau a'i amynedd
all of it taxed his nerve and patience
Yr oedd mwy nag yr oedd wedi ei ddisgwyl
there were more than he had anticipated
Hwn oedd y cyfarfod cyntaf gyda'r boblogaeth
this was the first encounter with the population

Pobl o wlad y deillion
the people from the Country of the Blind
Roedd y lle'n edrych yn fwy wrth iddo nesáu ato
The place seemed larger as he drew near to it
a daeth y plasdai smeared hyd yn oed yn queerer
and the smeared plasterings became even queerer
Daeth tyrfa o blant a dynion a menywod o'i gwmpas
a crowd of children and men and women came around him
Roedd pawb yn ceisio ei ddal
they all tried to hold on to him
Fe wnaethant ei gyffwrdd â'u dwylo meddal a sensitif
they touched him with their soft and sensitive hands
Nid yw'n syndod eu bod yn arogli arno hefyd
not surprisingly, they smelled at him too
A hwy a wrandawsant ar bob gair a ddywedasai efe
and they listened at every word he spoke
Roedd gan rai o'r merched a'r merched wynebau eithaf melys
some of the women and girls had quite sweet faces
Er bod eu llygaid yn cau ac yn suddo
even though their eyes were shut and sunken
Roedd yn credu y byddai hyn yn gwneud ei arhosiad yn fwy dymunol
he thought this would make his stay more pleasant
Fodd bynnag, roedd rhai o'r morwynion a'r plant yn cadw aloof
However, some of the maidens and children kept aloof
Roedd yn ymddangos eu bod yn ei ofni
they seemed to be afraid of him
Roedd ei lais yn ymddangos yn fras ac yn anghwrtais wrth ymyl eu nodiadau meddalach
his voice seemed coarse and rude beside their softer notes
mae'n rhesymol dweud bod y dorf wedi ei mobio
it is reasonable to say the crowd mobbed him
ond cadwodd ei dri chanllaw yn agos ato
but his three guides kept close to him

Roedden nhw wedi cymryd rhywfaint o falchder a pherchnogaeth ynddo fe
they had taken some pride and ownership in him
dro ar ôl tro dyma nhw'n dweud, "Dyn gwyllt allan o'r creigiau."
again and again they said, "A wild man out of the rocks"
"Bogota," meddai, "Dros grib y mynydd"
"Bogota," he said, "Over the mountain crests"
"Dyn gwyllt yn defnyddio geiriau gwyllt," meddai Pedro
"A wild man using wild words," said Pedro
"Wyt ti wedi clywed hynny, Bogota?"
"Did you hear that, Bogota?"
"Prin fod ei feddwl wedi ffurfio eto"
"His mind has hardly formed yet"
"Dim ond dechrau lleferydd sydd ganddo"
"He has only the beginnings of speech"
Mae bachgen bach yn ysgwyd ei law
A little boy nipped his hand
"Bogota!" meddai'n dwyllodrus
"Bogota!" he said mockingly
"Ai! Dinas i'ch pentref"
"Aye! A city to your village"
'Rwy'n dod o'r byd mawr'
"I come from the great world"
'Y byd lle mae gan ddynion lygaid a gweld'
"the world where men have eyes and see"
"Ei enw yw Bogota," medden nhw.
"His name's Bogota," they said
"Mae'n baglu," meddai Correa
"He stumbled," said Correa
"Fe wnaeth e faglu ddwywaith wrth i ni ddod yma"
"he stumbled twice as we came hither"
'Dewch ag ef i mewn at yr henuriaid'
"bring him in to the elders"
A hwy a'i bwriasant ef trwy ddrws
And they thrust him through a doorway

cafodd ei hun mewn ystafell mor ddu â chae
he found himself in a room as black as pitch
ond yn araf newidiodd ei lygaid i'r tywyllwch
but slowly his eyes adjusted to the darkness
Yn y pen draw, roedd tân yn llewygu
at the far end a fire faintly glowed
Caeodd y dorf y tu ôl iddo
The crowd closed in behind him
ac maent yn cau allan unrhyw olau a allai fod wedi dod o'r tu allan
and they shut out any light that could have come from outside
cyn iddo allu atal ei hun roedd wedi syrthio
before he could stop himself he had fallen
Syrthiodd i'r dde i mewn i linyn dyn oedd yn eistedd
he fell right into the lap of a seated man
a'i fraich yn taro wyneb rhywun arall
and his arm struck the face of someone else
Roedd yn teimlo effaith feddal nodweddion
he felt the soft impact of features
ac efe a glywodd lef o ddicter
and he heard a cry of anger
Am eiliad bu'n brwydro yn erbyn nifer o ddwylo
for a moment he struggled against a number of hands
Roedd pawb yn ei ddal
all of them were clutching him
Ond roedd yn frwydr unochrog
but it was a one-sided fight
Daeth crynhoad o'r sefyllfa ato
An inkling of the situation came to him
a phenderfynodd orwedd yn dawel
and he decided to lay quiet
"Roeddwn i wedi syrthio," meddai
"I fell down," he said
"Doeddwn i ddim yn gallu gweld yn y tywyllwch tywyll yma"
"I couldn't see in this pitchy darkness"

Cafwyd saib ar yr hyn a ddywedodd
There was a pause at what he had said
Roedd yn teimlo pobl anweledig yn ceisio deall ei eiriau
he felt unseen persons trying to understand his words
Yna clywodd lais Correa
Then he heard the voice of Correa
"Mae ond newydd ei ffurfio"
"He is but newly formed"
'Mae'n baglu wrth iddo gerdded'
"He stumbles as he walks"
"Ac mae ei araith yn cymysgu geiriau sy'n golygu dim byd"
"and his speech mingles words that mean nothing"
Roedd eraill hefyd yn dweud pethau amdano
Others also said things about him
Cadarnhaodd pob un nad oeddent yn gallu ei ddeall yn berffaith
they all confirmed they could not perfectly understand him
"A gaf i eistedd i fyny?" gofynnodd yn ystod saib
"May I sit up?" he asked during a pause
"Ni fyddaf yn ymladd yn eich erbyn eto"
"I will not struggle against you again"
Ymgynghorodd yr henuriaid a gadael iddo godi
the elders consulted, and let him rise
Dechreuodd llais dyn hŷn ei holi
The voice of an older man began to question him
Unwaith eto, cafodd Nunez ei hun yn ceisio egluro'r byd
again, Nunez found himself trying to explain the world
y byd mawr yr oedd wedi syrthio allan ohono
the great world out of which he had fallen
Adroddodd wrthynt am y nefoedd a'r mynyddoedd
he told them of the sky and mountains
a cheisiodd gyfleu rhyfeddodau eraill o'r fath
and he tried to convey other such marvels
ond yr henuriaid a eisteddasant mewn tywyllwch
but the elders sat in darkness
ac ni wyddent am wlad y deillion

and they did not know of the Country of the Blind
Pe gallai ddangos yr henuriaid hyn yn unig
if only he could show these elders
ond nid oeddent yn credu nac yn deall dim
but they believed and understood nothing
beth bynnag a ddywedodd wrthyn nhw yn creu dryswch
whatever he told them created confusion
Roedd y cyfan y tu hwnt i'w disgwyliadau
it was all quite outside his expectations
Nid oeddent yn deall llawer o'i eiriau
They did not understand many of his words

Am genedlaethau roedd y bobl hyn wedi bod yn ddall
For generations these people had been blind
ac roedden nhw wedi cael eu torri i ffwrdd o'r holl fyd gweled
and they had been cut off from all the seeing world
roedd yr enwau ar gyfer yr holl bethau golwg wedi pylu a newid
the names for all the things of sight had faded and changed
Roedd stori'r byd allanol wedi dod yn stori
the story of the outer world had become a story
Roedd ei fyd yn rhywbeth roedd pobl yn dweud wrth eu plant
his world was just something people told their children
ac roeddent wedi peidio â phryderu am hynny
and they had ceased to concern themselves with it
Yr unig beth o ddiddordeb oedd y tu mewn i'r llethrau creigiog
the only thing of interest was inside the rocky slopes
Roedden nhw'n byw yn eu wal gylchol yn unig
they lived only in their circling wall
Roedd dynion dall o athrylith wedi codi yn eu plith
Blind men of genius had arisen among them
roeddent wedi cwestiynu'r hen gredoau a thraddodiadau
they had questioned the old believes and traditions

A hwy a ollyngasent yr holl bethau hyn yn faniau segur
and they had dismissed all these things as idle fancies
disodlwyd hwy gydag esboniadau newydd a mwy disglair
they replaced them with new and saner explanations
Roedd llawer o'u dychymyg wedi crebachu gyda'u llygaid
Much of their imagination had shrivelled with their eyes
Roedd eu clustiau a'u bysedd wedi dod yn fwy sensitif
their ears and finger-tips had gotten ever more sensitive
a gyda'r rhain roedden nhw wedi gwneud dychymyg
newydd iddyn nhw eu hunain
and with these they had made themselves new imaginations

Yn araf sylweddolodd Nunez y sefyllfa yr oedd ynddi
Slowly Nunez realised the situation he was in
Ni allai ddisgwyl unrhyw barch am ei darddiad
he could not expect any reverence for his origin
Nid oedd ei roddion mor ddefnyddiol ag yr oedd yn
meddwl
his gifts were not as useful as he thought
Nid oedd esbonio golwg yn hawdd
explaining sight was not going to be easy
Roedd ei ymdrechion wedi bod yn eithaf anghydffurfiol
his attempts had been quite incoherent
Cafodd ei chwalu o'i gyffro cychwynnol
he was deflated from his initial excitement
Ac efe a ymroddodd i wrando ar eu cyfarwyddyd
and he subsided into listening to their instruction
Esboniodd yr hynaf o'r dynion dall iddo fywyd
the eldest of the blind men explained to him life
Eglurodd iddo athroniaeth a chrefydd
he explained to him philosophy and religion
Disgrifiodd darddiad y byd
he described the origins of the world
(wrth gwrs roedd yn golygu'r dyffryn)
(by this of course he meant the valley)
yn gyntaf roedd wedi bod yn wag wag yn y creigiau

first it had been an empty hollow in the rocks
Yn gyntaf daeth pethau difywyd heb y rhodd o gyffwrdd
first came inanimate things without the gift of touch
Yna daeth lamas a chreaduriaid eraill o fawr o synnwyr
then came llamas and other creatures of little sense
Pan oedd popeth wedi cael ei roi yn ei le, daeth dynion
when all had been put in place, men came
Ac o'r diwedd daeth angylion i'r byd
and finally angels came to the world
Roedd rhywun yn gallu clywed yr angylion yn canu ac yn gwneud synau fluttering
one could hear the angels singing and making fluttering sounds
Ond roedd yn amhosibl eu cyffwrdd
but it was impossible to touch them
mae'r esboniad hwn yn gyntaf posio Nunez fawr
this explanation first puzzled Nunez greatly
Ond yna meddyliodd am yr adar
but then he thought of the birds
Aeth ymlaen i ddweud wrth Nunez sut roedd amser wedi cael ei rannu
He went on to tell Nunez how time had been divided
Roedd yr amser cynnes a'r amser oer
there was the warm time and the cold time
Wrth gwrs, mae'r rhain yn gyfwerth dall ddydd a nos
of course these are the blind equivalents of day and night
Dywedodd sut roedd hi'n dda cysgu yn y gwres
he told how it was good to sleep in the warm
Esboniodd sut y byddai'n well gweithio yn ystod yr oerfel
he explained how it was better to work during the cold
fel arfer byddai holl dref y deillion bellach wedi bod yn cysgu
normally the whole town of the blind would now have been asleep
Ond roedd y digwyddiad arbennig hwn yn eu cadw i fyny
but this special event kept them up

Dywedodd fod yn rhaid bod Nunez wedi cael ei greu'n arbennig i ddysgu
He said Nunez must have been specially created to learn
Ac yr oedd yno i wasanaethu'r ddoethineb a gawsant
and he was there to serve the wisdom they had acquired
anwybyddwyd ei anghysondeb meddyliol, am y tro
his mental incoherency was ignored, for the time being
a maddeuwyd iddo am ei ymddygiad tramgwyddus
and he was forgiven for his stumbling behaviour
dywedwyd wrtho i fod yn ddewr yn y byd hwn
he was told to have courage in this world
a dywedwyd wrtho am wneud ei orau i ddysgu
and he was told to do his best to learn
Roedd pawb yn y drws yn grwgnach yn galonogol.
all the people in the doorway murmured encouragingly
Dywedodd fod y noson wedi mynd ymhell
He said the night was far gone
(Mae'r deillion yn galw eu nos ddydd)
(the blind call their day night)
Felly anogodd bawb i fynd yn ôl i gysgu
so he encouraged everyone to go back to sleep

Gofynnodd i Nunez a oedd yn gwybod sut i gysgu
He asked Nunez if he knew how to sleep
Dywedodd Nunez ei fod yn gwybod sut i gysgu
Nunez said he did know how to sleep
Ond cyn cysgu roedd eisiau bwyd
but that before sleep he wanted food
Fe wnaethon nhw ddod â rhyw faint o'i fwyd iddo
They brought him some of their food
Llaeth Laura mewn powlen a bara hallt garw
llama's milk in a bowl and rough salted bread
a hwy a'i dygasant ef i le unig
and they led him into a lonely place
er mwyn iddo fwyta allan o'u clyw
so that he could eat out of their hearing

Wedi hynny cafodd ganiatâd i smwddio
afterwards he was allowed to slumber
hyd nes i oerni'r noson fynydd eu chwifio
until the chill of the mountain evening roused them
Yna byddant yn dechrau eu diwrnod eto
and then they would begin their day again
Ond nid oedd Nunez yn sblino o gwbl
But Nunez slumbered not at all
Yn lle hynny, eisteddodd yn y fan lle'r oeddent wedi ei adael.
Instead, he sat up in the place where they had left him
gorffwysodd ei goesau, yn dal i fod yn flin o'r cwymp.
he rested his limbs, still sore from the fall
Ac efe a drodd bob peth drosodd a throsodd yn ei feddwl
and he turned everything over and over in his mind
amgylchiadau annisgwyl ei ddyfodiad
the unanticipated circumstances of his arrival
Bob hyn a hyn roedd yn chwerthin
Every now and then he laughed
weithiau gyda difyrrwch, ac weithiau gyda dicter
sometimes with amusement, and sometimes with indignation
"Meddwl anffurfiedig!" meddai, "Does gen i ddim synnwyr eto!"
"Unformed mind!" he said, "Got no senses yet!"
"Ychydig a wyddon nhw beth maen nhw'n ei ddweud!"
"little do they know what they're saying!"
"Maen nhw wedi bod yn sarhau eu Brenin a'u meistr a anfonwyd gan y nefoedd"
"they've been insulting their Heaven-sent King and master"
"Rwy'n gweld bod yn rhaid i mi roi rheswm iddyn nhw"
"I see I must bring them to reason"
"Gadewch i mi feddwl am hyn..."
"Let me think about this..."
Roedd yn dal i feddwl pan machludodd yr haul
He was still thinking when the sun set

Roedd gan Nunez lygad am yr holl bethau hardd
Nunez had an eye for all beautiful things
gwelodd y glow ar y caeau eira a'r rhewlifoedd
he saw the glow upon the snow-fields and glaciers
ar y mynyddoedd a gododd o amgylch y dyffryn ar bob ochr
on the mountains that rose about the valley on every side
Hwn oedd y peth harddaf a welodd erioed
it was the most beautiful thing he had ever seen
Aeth ei lygaid dros y gogoniant anhygyrch i'r pentref
His eyes went over the inaccessible glory to the village
Edrychodd dros gaeau dyfrhau yn suddo i'r cyfnos
he looked over irrigated fields sinking into the twilight
Yn sydyn trawodd ton o emosiwn ef
suddenly a wave of emotion hit him
diolchodd i Dduw o waelod ei galon
he thanked God from the bottom of his heart
"Diolch am y gweledydd rydych chi wedi'i roi i mi"
"thank you for the power of sight you have given me"

Clywodd lais yn galw arno
He heard a voice calling to him
Yr oedd yn dyfod o'r pentref
it was coming from the village
Ahoi-hoi, Bogota! Dewch yma!"
"ahoi-hoi, Bogota! Come hither!"
Ar y pryd y safodd i fyny, yn gwenu
At that he stood up, smiling
Bydd yn dangos y bobl hyn unwaith ac am byth!
He would show these people once and for all!
"Maen nhw'n dysgu beth all golwg ei wneud i ddyn!"
"they will learn what sight can do for a man!"
"Gwnaf iddynt fy ngheisio"
"I shall make them seek me"
"ond ni fyddant yn gallu dod o hyd i mi"
"but they shall not be able to find me"
'Peidiwch â symud, Bogota,' meddai'r llais

"You move not, Bogota," said the voice
yn chwerthin ar hyn, heb wneud sŵn
at this he laughed, without making a noise
Gwnaeth ddau gam llechwraidd o'r llwybr
he made two stealthy steps from the path
"Trample not on the grass, Bogota"
"Trample not on the grass, Bogota"
"Nid yw meddwl oddi ar y llwybr yn cael ei ganiatáu"
"wondering off the path is not allowed"
Prin yr oedd Nunez wedi clywed y sain a wnaeth ei hun
Nunez had scarcely heard the sound he made himself
Stopiodd lle roedd yn rhyfeddu,
He stopped where he was, amazed
Daeth perchennog y llais yn rhedeg i fyny'r llwybr
the owner of the voice came running up the path
ac fe gamodd yn ôl i'r llwybr
and he stepped back into the pathway
'Dyma fi!' meddai
"Here I am," he said
nid oedd antics Nunez yn creu argraff ar y dyn dall
the blind man was not impressed with Nunez's antics
Pam na ddaethost ti pan alwais arnat ti?"
"Why did you not come when I called you?"
"Oes rhaid i ti gael dy arwain fel plentyn?"
"Must you be led like a child?"
"Wyt ti'n gallu clywed y llwybr wrth gerdded?"
"Cannot you hear the path as you walk?"
Nunez chwerthin ar y cwestiynau hurt
Nunez laughed at the ridiculous questions
"Dwi'n gallu gweld," meddai
"I can see it," he said
Mae'r dyn dall oedi am eiliad
the blind man paused for a moment
'Does dim mo'r fath air â gweld'
"There is no such word as see"
"Stopiwch y ffolineb hwn a dilyn sŵn fy nhraed"

"Cease this folly and follow the sound of my feet"
Dilynodd Nunez y dyn dall, ychydig yn flin
Nunez followed the blind man, a little annoyed
'Bydd fy amser yn dod,' meddai wrtho'i hun
"My time will come," he said to himself
'Byddwch chi'n dysgu,' atebodd y dyn dall
"You'll learn," the blind man answered
"Mae cymaint i'w ddysgu yn y byd"
"There is much to learn in the world"
'Does neb wedi dweud wrthoch chi?' gofynnodd Nunez
"Has no one told you?" asked Nunez
"Yng ngwlad y deillion y mae'r dyn unllygeidiog yn frenin."
"In the Country of the Blind the One-Eyed Man is King"
"Beth sy'n ddall?" gofynnodd y dyn dall dros ei ysgwydd
"What is blind?" asked the blind man, over his shoulder

Erbyn hyn roedd pedwar diwrnod wedi mynd heibio
by now four days had passed
Hyd yn oed ar y pumed diwrnod nid oedd unrhyw beth wedi newid
even on the fifth day nothing had changed
Brenin y deillion yn dal i fod yn
the King of the Blind was still incognito
roedd yn dal i fod yn ddieithryn trwsgl a diwerth ymhlith ei bynciau
he was still a clumsy and useless stranger among his subjects
Roedd yn ei chael hi'n llawer anoddach nag yr oedd yn meddwl
he found it all much more difficult than he thought
Sut y gallai ef gyhoeddi ci hun yn frenin ar y bobl ddall hyn?
how could he proclaim himself king to these blind people??
gadawyd ef i fyfyrio ar ei coup d'etat
he was left to meditated his coup d'etat
Yn y cyfamser gwnaeth yr hyn a ddywedwyd wrtho
in the meantime he did what he was told

dysgodd moesau ac arferion Gwlad y Deillion
he learnt the manners and customs of the Country of the Blind
Yn gweithio gyda'r nos cafodd ei hun yn arbennig o Irksome
working at night he found particularly irksome
Dyna fyddai'r peth cyntaf iddo newid
this was going to be the first thing he changed
Maent yn byw bywyd syml a llafurus
They led a simple and laborious life
ond roedd ganddynt yr holl elfennau o rinwedd a hapusrwydd
but they had all the elements of virtue and happiness
Maent yn cloi, ond nid yn ormesol
They toiled, but not oppressively
Roedd ganddynt ddigon o fwyd a dillad ar gyfer eu hanghenion
they had food and clothing sufficient for their needs
Cawsant ddyddiau a thymhorau o orffwys
they had days and seasons of rest
Maent yn mwynhau cerddoriaeth a chanu
they enjoyed music and singing
Roedd cariad yn eu plith
there was love among them
Roedd yna blant bach
and there were little children
Roedd yn wych gweld eu hyder a'u cywirdeb
It was marvellous to see their confidence and precision
aethant o gwmpas eu byd trefnus yn effeithlon
they went about their ordered world efficiently
Mae popeth yn cael ei wneud i ddiwallu eu hanghenion
Everything had been made to fit their needs
Roedd gan bob llwybr ongl gyson i'r llall
each paths had a constant angle to the other
Gwahaniaethwyd pob kerb gan rhic arbennig
each kerb was distinguished by a special notch
Mae'r holl rwystrau ac afreoleidd-dra wedi cael eu clirio i ffwrdd

all obstacles and irregularities had been cleared away
Cododd eu holl ddulliau yn naturiol o'u hanghenion arbennig
all their methods arose naturally from their special needs
a'u gweithdrefnau yn gwneud synnwyr i'w galluoedd
and their procedures made sense to their abilities
Roedd eu synhwyrau wedi dod yn rhyfeddol o aciwt
their senses had become marvellously acute
Gallent glywed a barnu'r ystum lleiaf
they could hear and judge the slightest gesture
hyd yn oed os yw'r dyn yn rhyw ddwsin o gamau i ffwrdd
even if the man was a dozen paces away
Roedden nhw'n gallu clywed curiad ei galon
they could hear the very beating of his heart
Roedd tonyddiaeth a chyffyrddiad wedi hen ddisodli mynegiant ac ystum
Intonation and touch had long replaced expression and gesture
Roedden nhw'n handi gyda'r hoe a'r rhawiau
they were handy with the hoe and spade
ac fe symudon nhw mor rhydd a hyderus ag unrhyw arddwr
and they moved as free and confident as any gardener
Roedd eu synnwyr arogl yn hynod o dda
Their sense of smell was extraordinarily fine
gallent wahaniaethu gwahaniaethau unigol cyn gynted ag y gall ci
they could distinguish individual differences as quickly as a dog can
ac aethant o gwmpas y tlota o lamas yn rhwydd a hyderus
and they went about the tending of llamas with ease and confidence

diwrnod daeth Nunez ceisio honni ei hun
a day came Nunez sought to assert himself
ond sylweddolodd yn gyflym ei danamcangyfrif
but he quickly realized his underestimation

a dysgodd pa mor hyderus y gallai eu symudiadau fod
and he learned how confident their movements could be
gwrthryfelodd yn unig ar ôl iddo geisio perswadio
he rebelled only after he had tried persuasion
ar sawl achlysur roedd wedi ceisio dweud wrthyn nhw am y golwg
on several occasions he had tried to tell them of sight
'Edrycha di yma, bobl,' meddai
"Look you here, you people," he said
"Mae yna bethau nad ydych chi'n eu deall pobl ynof fi"
"There are things you people do not understand in me"
Unwaith neu ddwy roedd un neu ddau ohonyn nhw'n gwrando arno.
Once or twice one or two of them listened to him
Eisteddasant gyda'u hwynebau yn ddi-fai
they sat with their faces downcast
Trowyd eu clustiau'n ddeallus tuag ato
their ears were turned intelligently towards him
Ac fe wnaeth ei orau i ddweud wrthyn nhw beth oedd gweld
and he did his best to tell them what it was to see
Ymhlith ei wrandawyr roedd merch
Among his hearers was a girl
Roedd ei amrannau yn llai coch a suddedig
her eyelids were less red and sunken
Gallai rhywun bron yn dychmygu ei bod yn cuddio llygaid
one could almost imagine she was hiding eyes
Roedd yn arbennig o obeithio ei pherswadio
he especially hoped to persuade her
Siaradodd am harddwch golwg
He spoke of the beauties of sight
Soniodd am wylio'r mynyddoedd
he spoke of watching the mountains
Ac efe a ddywedodd wrthynt am y nef a'r wawr
he told them of the sky and the sunrise
ac a'i clywsant ef ag anghrediniaeth ddoniol

and they heard him with amused incredulity
Ond yn y pen draw daeth hynny'n gondemnus
but that eventually became condemnatory
Dywedon nhw wrtho nad oedd mynyddoedd o gwbl
They told him there were no mountains at all
Dywedon nhw wrtho dim ond y llamas sy'n mynd i'r creigiau
they told him only the llamas go to the rocks
Maen nhw'n pori'u glaswellt yno wrth ymyl y
they graze their grass there at the edge
A dyna ddiwedd y byd
and that is the end of the world
Oddi yno mae'r to yn codi dros y bydysawd
from there the roof rises over the universe
dim ond y gwlith a'r eirlith a ddisgynnodd oddi yno
only the dew and the avalanches fell from there
Cadwodd yn llonydd nad oedd gan y byd ddiwedd, na tho
he maintained stoutly the world had neither end nor roof
Roedd popeth roedden nhw'n ei feddwl am y byd yn anghywir, meddai wrthyn nhw
everything they thought about the world was wrong, he told them
Ond dywedon nhw fod ei feddyliau yn ddrwg
but they said his thoughts were wicked
roedd ei ddisgrifiadau o'r awyr a'r cymylau a'r sêr yn guddiedig iddyn nhw
his descriptions of sky and clouds and stars were hideous to them
gwagedd ofnadwy yn lle to llyfn y byd
a terrible blankness in the place of the smooth roof of the world
Erthygl o ffydd gyda nhw oedd hi
it was an article of faith with them
Roedden nhw'n credu bod to y ceudwll yn llyfn i'r cyffyrddiad
they believed the cavern roof was exquisitely smooth to the

touch
gwelodd fod mewn rhyw fodd wedi eu syfrdanu
he saw that in some manner he shocked them
a rhoddodd y gorau i'r agwedd honno ar y mater yn gyfan gwbl
and he gave up that aspect of the matter altogether
Yn hytrach, ceisiodd ddangos gwerth ymarferol golwg iddynt
instead, he tried to show them the practical value of sight

Un bore gwelodd Pedro ar lwybr Seventeen
One morning he saw Pedro on path Seventeen
Yr oedd yn dyfod tua'r tai canol
he was coming towards the central houses
Ond roedd yn dal yn rhy bell i glywed neu arogli
but he was still too far away for hearing or scent
"Ymhen ychydig," proffwydodd, "Bydd Pedro yma"
"In a little while," he prophesied, "Pedro will be here"
Dywedodd hen ddyn nad oedd gan Pedro unrhyw fusnes ar lwybr Dau ar bymtheg
An old man remarked that Pedro had no business on path Seventeen
ac yna, fel pe bai'n gadarnhad, newidiodd Pedro lwybrau
and then, as if in confirmation, Pedro changed paths
gyda chyflymderau nimble aeth tuag at y wal allanol
with nimble paces he went towards the outer wall
Roedden nhw'n gwatwar Nunez pan nad oedd Pedro yn cyrraedd
They mocked Nunez when Pedro did not arrive
ceisiodd glirio ei gymeriad trwy ofyn i Pedro
he tried to clear his character by asking Pedro
ond gwadodd Pedro yr honiadau
but Pedro denied the allegations
ac wedi hynny bu'n elyniaethus wrtho
and afterwards he was hostile to him

Yna fe'u hargyhoeddodd i adael iddo fynd
Then he convinced them to let him go
"Gadewch i mi fynd i fyny'r dolydd ar lethr i'r wal"
"let me go up the sloping meadows to the wall"
"Gadewch i mi fynd â rhywun parod gyda mi"
"let me take with me one willing individual"
"Byddaf yn disgrifio popeth sy'n digwydd ymhlith y tai"
"I will describe all that is happening among the houses"
Nododd rai o'r digwyddiadau a'r rhai a ddaeth
He noted certain goings and comings
Ond nid oedd y pethau hyn yn bwysig i'r bobl hyn
but these things were not important to these people
Roeddent yn gofalu am yr hyn a ddigwyddodd y tu mewn i'r tai di-ffenestr
they cared for what happened inside the windowless houses
o'r pethau hynny na allai eu gweld, na'u dweud
of those things he could neither see, nor tell
Roedd ei hymgais wedi methu eto
his attempt had failed again
Ni allent adennill eu gwawd
they could not repress their ridicule
ac yn olaf Nunez troi i rym
and finally Nunez resorted to force
Roedd yn meddwl am gipio rhaw
He thought of seizing a spade
Gallai daro un neu ddau ohonynt i'r ddaear
he could smite one or two of them to earth
Mewn ymladd teg gallai ddangos mantais llygaid
in fair combat he could show the advantage of eyes
Aeth mor bell â'r penderfyniad hwnnw ynghylch cipio ei rhaw
He went so far with that resolution as to seize his spade
Yna darganfu rywbeth newydd amdano'i hun
but then he discovered a new thing about himself
Roedd yn amhosibl iddo daro dyn dall mewn gwaed oer
it was impossible for him to hit a blind man in cold blood

dal y rhaw, betrusodd am eiliad
holding the spade, he hesitated for a moment
Roedd pob un ohonyn nhw wedi dod yn ymwybodol ei fod wedi cipio'r rhawiau i fyny
all of them had become aware that he had snatched up the spade
Roedden nhw'n sefyll yn effro, gyda'u pennau ar un ochr
They stood alert, with their heads on one side
maent yn ofalus plygu eu clustiau tuag ato
they cautiously bent their ears towards him
Ac roedden nhw'n aros am yr hyn y byddai'n ei wneud nesaf
and they waited for what he would do next
"Rhowch hynny i lawr," meddai un
"Put that spade down," said one
ac roedd yn teimlo rhyw fath o arswyd diymadferth
and he felt a sort of helpless horror
ni allai ddod i'w ufudd-dod
he could not come to their obedience
Mae'n gwthio un yn ôl yn erbyn wal tŷ
he thrust one backwards against a house wall
Ac efe a ffodd heibio iddo, ac allan o'r pentref.
and he fled past him, and out of the village
Aeth dros un o'u dolydd
he went over one of their meadows
ond wrth gwrs fe sathru laswellt y tu ôl iddo
but of course he trampled grass behind him
Eisteddodd wrth ochr un o'u ffyrdd
he sat down by the side of one of their ways
Roedd yn teimlo rhywbeth o'r bywiogrwydd ynddo
he felt something of the buoyancy in him
Mae pob dyn yn teimlo ei fod ar ddechrau ymladd
all men feel it in the beginning of a fight
Ond roedd yn teimlo'n fwy dryslyd na dim
but he felt more perplexity than anything
Dechreuodd sylweddoli rhywbeth arall amdano'i hun
he began to realise something else about himself

Ni allwch ymladd yn hapus gyda chreaduriaid o wahanol sail feddyliol
you cannot fight happily with creatures of a different mental basis
Ymhell i ffwrdd gwelodd nifer o ddynion yn cario rhawiau a ffyn
Far away he saw a number of men carrying spades and sticks
Roedden nhw'n dod allan o'r strydoedd a'r tai
they were coming out of the streets and houses
Gyda'i gilydd fe wnaethant linell ar draws y llwybrau
together they made a line across the paths
Ac yr oedd y llinell yn dod tuag ato
and they line was coming towards him
Maent yn datblygu'n araf, gan siarad yn aml â'i gilydd
They advanced slowly, speaking frequently to one another
dro ar ôl tro fe wnaethon nhw stopio a sniff yr awyr
again and again they stopped and sniff the air
Y tro cyntaf iddynt wneud hyn chwerthin Nunez
The first time they did this Nunez laughed
Ond ar ôl hynny wnaeth e ddim chwerthin
But afterwards he did not laugh
Daeth un o hyd i'w lwybr yn nhirwellt y ddôl
One found his trail in the meadow grass
Daeth yn sobor ac yn teimlo ei ffordd ar hyd y
he came stooping and feeling his way along it
Am bum munud gwyliodd estyniad araf y llinell
For five minutes he watched the slow extension of the line
Daeth ei warediad annelwig i wneud rhywbeth ar unwaith yn wyllt
his vague disposition to do something forthwith became frantic
Cododd i fyny a cherdded tuag at y wal
He stood up and paced towards the wall
Trodd ac aeth yn ôl ychydig
he turned, and went back a little way
Roedden nhw i gyd yn sefyll mewn cilfach, llonydd ac yn

gwrando
they all stood in a crescent, still and listening
Safodd yn llonydd hefyd, gan afael yn ei rhaw
He also stood still, gripping his spade
A fydd yn ymosod arnyn nhw?
Should he attack them?
Roedd y pwls yn ei glustiau yn rhedeg i mewn i rythm:
The pulse in his ears ran into a rhythm:
"Yng ngwlad y deillion y mae'r dyn unllygeidiog yn frenin."
"In the Country of the Blind the One-Eyed Man is King"
"Yng ngwlad y deillion y mae'r dyn unllygeidiog yn frenin."
"In the Country of the Blind the One-Eyed Man is King"
"Yng ngwlad y deillion y mae'r dyn unllygeidiog yn frenin."
"In the Country of the Blind the One-Eyed Man is King"
Edrychodd yn ôl ar y wal uchel a di-dringadwy
He looked back at the high and unclimbable wall
ac edrychodd ar y llinell nesaf o geiswyr
and he looked at the approaching line of seekers
roedd eraill bellach yn dod allan o stryd y tai hefyd
others were now coming out of the street of houses too
"Bogota!" gwaeddodd un, "Ble wyt ti?"
"Bogota!" called one, "Where are you?"
Daliodd ei rhaw hyd yn oed yn dynnach
He gripped his spade even tighter
ac efe a aeth i waered i'r ddôl tua'r lle trigfeydd
and he went down the meadow towards the place of habitations
lle'r oedd yn symud, fe wnaethant gyfarfod ag ef
where he moved they converged upon him
"Fe wna i eu taro nhw os ydyn nhw'n cyffwrdd â mi," fe dyngodd
"I'll hit them if they touch me," he swore
"I'r nefoedd, gwnaf. Mi fydd yn eu taro nhw"
"by Heaven, I will. I'll hit them"
Galwodd yn uchel, "Edrychwch yma bobl."
He called aloud, "Look here you people"

"Rydw i'n mynd i wneud yr hyn rwy'n ei hoffi yn y cwm hwn!"
"I'm going to do what I like in this valley!"
Ydych chi'n clywed? Byddaf yn gwneud yr hyn rwy'n ei hoffi"
"Do you hear? I'm going to do what I like"
"Byddaf yn mynd lle rwy'n ei hoffi"
"and I will go where I like"
Roedden nhw'n symud arno yn gyflym
They were moving in upon him quickly
Roedden nhw'n sgrechian ar bopeth, ond yn symud yn gyflym
they were groping at everything, yet moving rapidly
Roedd fel chwarae bluff dyn dall
It was like playing blind man's bluff
ond roedd pawb yn ddall heblaw un
but everyone was blindfolded except one
"Mynnwch afael arno!" gwaeddodd un
"Get hold of him!" cried one
Sylweddolodd fod grŵp o ddynion wedi ei amgylchynu
He realized a group of men had surrounded him
Yn sydyn roedd yn teimlo bod yn rhaid iddo fod yn weithgar ac yn benderfynol
suddenly he felt he must be active and resolute
'Dwyt ti ddim yn deall,' gwaeddodd
"You people don't understand," he cried
Roedd ei lais i fod i fod yn wych ac yn benderfynol
his voice was meant to be great and resolute
ond torrodd ei lais a dwyn dim grym
but his voice broke and carried no power
"Rydych chi i gyd yn ddall ac rwy'n gallu gweld"
"You are all blind and I can see"
"Gadewch lonydd i mi!" ceisiodd orchymyn
"Leave me alone!" he tried to command
Bogota! Rhowch y rhawiau hynny i lawr a dewch oddi ar y glaswellt!"

"Bogota! Put down that spade and come off the grass!"
roedd y drefn yn grotesg yn ei gynefin
the order was grotesque in its familiarity
ac efe a gynhyrfodd ffiaidd o ddicter ynddo ef
and it produced a gust of anger in him
"Fe wna i dy frifo di," meddai, gan sobbing ag emosiwn
"I'll hurt you," he said, sobbing with emotion
"I'r nefoedd, bydda i'n brifo ti! Gadewch lonydd i mi!"
"By Heaven, I'll hurt you! Leave me alone!"
Dechreuodd redeg heb wybod ble i redeg
He began to run without knowing where to run
Rhedodd i ffwrdd oddi wrth y dyn dall agosaf
He ran away from the nearest blind man
am ei fod yn arswyd i'w daro
because it was a horror to hit him
Gwnaeth dash i ddianc o'u rhengoedd cau
He made a dash to escape from their closing ranks
mewn un lle roedd y bwlch ychydig yn ehangach
in one place the gap was a little wider
Roedd y dynion ar yr ochr yn gyflym yn gweld beth oedd yn digwydd
the men on the sides quickly perceived what was happening
Rhuthron nhw i mewn yn gyflym i gau'r bwlch
they quickly rushed in to close the gap
Plygodd ymlaen, a gwelodd y byddai'n cael ei ddal
He sprang forward, and saw he would be caught
a whoosh! Roedd y rhaw wedi taro
and whoosh! the spade had struck
Roedd yn teimlo'r llaw a'r fraich feddal
He felt the soft thud of hand and arm
a'r dyn i lawr â gweiddi o boen
and the man was down with a yell of pain
ac yr oedd drwy'r bwlch
and he was through the gap
Roedd yn agos at y stryd o dai eto
he was close to the street of houses again

Roedd y dynion dall yn chwifio eu rhawiau a'u polion
the blind men were whirling their spades and stakes
ac roedden nhw'n rhedeg gyda chyflymder newydd
and they were running with a new swiftness
Clywodd y camau y tu ôl iddo mewn amser
He heard steps behind him just in time
Roedd dyn tal yn rhuthro tuag ato
a tall man was rushing towards him
yr oedd yn swifio ei rhaff wrth ei sŵn
he was swiping his spade at the sound of him
Collodd Nunez ei nerf y tro hwn
Nunez lost his nerve this time
Ni allai daro dyn dall arall
he could not hit another blind man
Rhuthrodd ei rhaws wrth ymyl ei wrthwynebydd
he hurled his spade next to his antagonist
Roedd y dyn tal yn chwifio o gwmpas o'r fan lle clywodd y sŵn
the tall man whirled about from where he heard the noise
a Nunez ffoi, gweiddi wrth iddo osgoi un arall
and Nunez fled, yelling as he dodged another
Roedd yn panic-stricken erbyn hyn
He was panic-stricken by this point
bron yn ddall, rhedodd yn gandryll i ac ymlaen
almost blindly, he ran furiously to and fro
Safodd pan nad oedd angen osgoi
he dodged when there was no need to dodge
Yn ei bryder ceisiodd weld pob ochr iddo ar unwaith
in his anxiety he tried to see every side of him at once
Am eiliad, roedd wedi cwympo i lawr
for a moment he had fallen down
wrth gwrs clywodd y dilynwyr ei gwymp
of course the followers heard his fall
Daliodd gipolwg ar rywbeth yn y wal amgylchynol
he caught a glimpse of something in the circumferential wall
ychydig o fwlch rhwng y wal

a little gap between the wall
Cychwynnodd ar frys gwyllt ar ei gyfer
he set off in a wild rush for it
Roedd wedi croesi'r bont
he had stumbled across the bridge
Ac efe a holltodd ychydig ar hyd y creigiau
and he clambered a little along the rocks
Aeth lama ifanc synfyfyr yn neidio allan o'r golwg
a surprised young llama went leaping out of sight
Yna gorweddodd, gan sobio am anadl
and then he lay down, sobbing for breath
Ac felly daeth ei coup d'etat i ben
And so his coup d'etat came to an end

Arhosodd y tu allan i wal dyffryn y deillion
He stayed outside the wall of the valley of the blind
Am ddwy noson a diwrnod roedd heb fwyd na lloches
for two nights and days he was without food or shelter
a myfyriodd ar yr annisgwyl
and he meditated upon the unexpected
Yn ystod y myfyrdodau hyn ailadroddodd ei arwyddair yn aml
During these meditations he repeated his motto frequently
"Yng ngwlad y deillion y mae'r dyn unllygeidiog yn frenin."
"In the Country of the Blind the One-Eyed Man is King"
Roedd yn meddwl yn bennaf am ffyrdd o goncro'r bobl hyn
He thought chiefly of ways of conquering these people
a daeth yn amlwg nad oedd unrhyw ffordd ymarferol yn bosibl
and it grew clear that no practicable way was possible
Nid oedd wedi dod ag unrhyw arfau gydag ef
He had brought no weapons with him
A nawr byddai'n anodd cael unrhyw
and now it would be hard to get any
nid oedd ei ddull gwaraidd wedi ei adael
his civilized manner had not left him

Nid oedd unrhyw ffordd y gallai ladd dyn dall
there was no way he could assassinate a blind man
Wrth gwrs, pe bai'n gwneud hynny, gallai bennu'r termau
Of course, if he did that, he could dictate the terms
Gallai eu bygwth gyda mwy o lofruddiaethau
he could threaten them with further assassinations
Ond yn hwyr neu'n hwyrach mae'n rhaid iddo gysgu!
But, sooner or later he must sleep!
Ceisiodd ddod o hyd i fwyd ymhlith y coed pinwydd
He tried to find food among the pine trees
Yn y nos disgynnodd y rhew dros y dyffryn
at night the frost fell over the valley
I fod yn gyfforddus roedd yn cysgu dan ganghennau pinwydd
to be comfortable he slept under pine boughs
meddyliodd am ddal llama, os gallai
he thought about catching a llama, if he could
efallai y gallai ei morthwylio â charreg
perhaps he could hammer it with a stone
Ac yna gallai fwyta peth ohono
and then he could eat some of it
Ond roedd gan y llamas amheuaeth ohono
But the llamas had doubt of him
Roedden nhw'n ei ystyried â llygaid brown annibynadwy
they regarded him with distrustful brown eyes
A hwy a droesant ato pan ddaeth efe yn agos ato ef.
and they spat at him when he came near
Daeth ofn arno yr ail ddiwrnod
Fear came on him the second day
fe'i cymerwyd gan ffitiau o sibrwd
he was taken by fits of shivering
O'r diwedd, fe grogodd yn ôl i lawr y wal
Finally he crawled back down the wall
ac aeth yn ôl i wlad y deillion
and he went back into the Country of the Blind
Bloeddiodd nes i ddau ddyn dall ddod allan i'r giât

he shouted until two blind men came out to the gate
a siaradodd ag ef, gan drafod ei dermau
and he talked to him, negotiating his terms
"Roeddwn i wedi mynd yn wallgof," meddai
"I had gone mad," he said
"Roeddwn i newydd gael fy ngwneud"
"But I was only newly made"
Dywedon nhw fod hynny'n well
They said that was better
Dywedodd wrthyn nhw ei fod yn ddoethach nawr
He told them he was wiser now
Ac efe a edifarhaodd am yr hyn oll a wnaethai efe
and he repented of all he had done
Yna wylodd heb warchodfa
Then he wept without reserve
am ei fod yn wan ac yn sâl iawn yn awr
because he was very weak and ill now
Cymerasant hynny fel arwydd ffafriol
they took that as a favourable sign
Gofynasant iddo a oedd yn dal i feddwl y gallai weld
They asked him if he still thought he could see
'Na,' meddai, 'roedd hynny'n ffolineb'
"No," he said, "That was folly"
"Mae'r gair yn golygu dim byd, llai na dim!"
"The word means nothing, less than nothing!"
Gofynasant iddo beth oedd yn gorphen
They asked him what was overhead
'Tua deg gwaith uchder dyn'
"About ten times ten the height of a man"
"Mae to uwchben y byd roc"
"there is a roof above the world of rock"
"Mae'n iawn, yn llyfn iawn"
"it is very, very smooth"
'Mor llyfn, mor llyfn'
"So smooth, so beautifully smooth"
Torrodd eto i ddagrau hysterig

He burst again into hysterical tears
Cyn i chi ofyn i mi mwy, rhowch ychydig o fwyd i mi.
"Before you ask me any more, give me some food"
Neu byddaf farw!"
"or else I shall die!"
Roedd yn disgwyl cosbau enbyd
He expected dire punishments
ond roedd y bobl ddall hyn yn gallu goddef
but these blind people were capable of toleration
dim ond mwy o brawf o'i idiociaeth oedd ei wrthryfel
his rebellion was just more proof of his idiocy
Go brin fod angen mwy o dystiolaeth arnynt am ei israddoldeb
they hardly needed more evidence for his inferiority
fel cosb cafodd ei chwipio rhai
as a punishment he was whipped some
a hwy a'i gosodasant ef i wneuthur y gwaith trymaf
and they appointed him to do the heaviest work
Ni allai Nunez weld unrhyw ffordd arall o oroesi
Nunez could see no other way of surviving
felly gwnaeth yn ganiataol yr hyn a ddywedwyd wrtho
so he submissively did what he was told
Roedd yn sâl am rai dyddiau
he was ill for some days
a hwy a'i rhoddasant ef yn garedig
and they nursed him kindly
Mireiniodd ei gyflwyniad
that refined his submission
ond mynasant iddo orwedd yn y tywyllwch
but they insisted on him lying in the dark
Roedd hynny'n drueni mawr iddo
that was a great misery to him
athronwyr dall a ddaethant, ac a ymddiddanasant ag ef
blind philosophers came and talked to him
Buont yn siarad am ardolledd drygionus ei feddwl
they spoke of the wicked levity of his mind

ac maent yn adrodd hanes y greadigaeth
and they retold the story of creation
Eglurwyd ymhellach sut roedd y byd yn cael ei strwythuro
they explained further how the world was structured
ac yn fuan roedd gan Nunez amheuon am yr hyn yr oedd yn meddwl ei fod yn gwybod
and soon Nunez had doubts about what he thought he knew
Efallai ei fod wedi dioddef rhithwelediad, mewn gwirionedd.
perhaps he really was the victim of hallucination

ac felly daeth Nunez yn ddinesydd Gwlad y Deillion
and so Nunez became a citizen of the Country of the Blind
a pheidiodd y bobl hyn â bod yn bobl gyffredinol
and these people ceased to be a generalised people
daethant yn unigoliaethau iddo
they became individualities to him
ac fe ddaethon nhw'n gyfarwydd iddo
and they grew familiar to him
Mae'r byd y tu hwnt i'r mynyddoedd wedi pylu'n araf
the world beyond the mountains slowly faded
Mwy a mwy daeth yn anghysbell ac afreal
more and more it became remote and unreal
Roedd Yacob, ei feistr
There was Yacob, his master
Yr oedd yn ddyn caredig pan nad oedd yn ddig
he was a kindly man when not annoyed
roedd Pedro, nai Yacob
there was Pedro, Yacob's nephew
Roedd Medina-sarote
and there was Medina-sarote
Hi oedd merch ieuengaf Yacob
she was the youngest daughter of Yacob
Roedd hi'n fawr ei pharch ym myd y deillion
she was little esteemed in the world of the blind
Oherwydd bod ganddi wyneb clir

because she had a clear-cut face
ac nid oedd ganddi unrhyw smoothness sgleiniog boddhaol
and she lacked any satisfying glossy smoothness
Dyma ddelfryd y dyn dall o harddwch benywaidd
these are the blind man's ideal of feminine beauty
ond roedd Nunez yn meddwl ei harddach ar yr olwg gyntaf
but Nunez thought her beautiful at first sight
A nawr hi oedd y peth harddaf yn y byd i gyd
and now she was the most beautiful thing in all the world
Nid oedd ei nodweddion yn gyffredin yn y cwm
her features were not common in the valley
Ni suddwyd ei hamrannau caeedig a choch
her closed eyelids were not sunken and red
ond maent yn gorwedd fel pe baent yn agor eto ar unrhyw adeg
but they lay as though they might open again at any moment
Roedd ganddi amrannau hir, a ystyriwyd yn anffurfiad difrifol
she had long eyelashes, which were considered a grave disfigurement
a'i llais yn wan o'i gymharu â'r lleill
and her voice was weak compared to the others
felly nid oedd yn bodloni gwrandawiad acíwt y dynion ifanc
so it did not satisfy the acute hearing of the young men
Ac felly doedd ganddi ddim cariad
And so she had no lover
Roedd Nunez yn meddwl llawer am Medina-sarote
Nunez thought a lot about Medina-sarote
Efallai y byddai'n ennill ei
he thought perhaps he could win her
ac yna byddai'n cael ei ymddiswyddo i fyw yn y dyffryn
and then he would be resigned to live in the valley
Gallai fod yn hapus am weddill ei ddyddiau
he could be happy for the rest of his days
Roedd yn gwylio hi pryd bynnag y gallai

he watched her whenever he could
a chafodd gyfleoedd i wneud ei gwasanaethau bach
and he found opportunities of doing her little services
Darganfu hefyd ei bod yn sylwi arno
he also found that she observed him
Unwaith mewn cyfarfod diwrnod gorffwys, sylwodd arno
Once at a rest-day gathering he noticed it
Maent yn eistedd ochr yn ochr yn y golau seren DIM
they sat side by side in the dim starlight
Roedd y gerddoriaeth yn felys a'i law yn dod ar ei
the music was sweet and his hand came upon hers
Ac efe a feiddiodd ysgwyd ei llaw
and he dared to clasp her hand
Yna, yn dyner iawn, dychwelodd ei bwysau
Then, very tenderly, she returned his pressure
Ac un diwrnod buont wrth eu pryd yn y tywyllwch
And one day they were at their meal in the darkness
teimlodd ei llaw yn feddal iawn yn chwilio amdano
he felt her hand very softly seeking him
Fel y digwyddodd, fe neidiodd y tân ar y foment honno
as it chanced, the fire leapt just at that moment
a gwelodd y tynerwch yn ei
and he saw the tenderness in her
Roedd yn ceisio siarad â hi
He sought to speak to her
Cyrhaeddodd hi un diwrnod pan oedd hi'n eistedd
He went to her one day when she was sitting
Roedd hi yng ngolau lleuad yr haf, yn gwehyddu
she was in the summer moonlight, weaving
Roedd y golau yn ei gwneud hi'n beth o arian a dirgelwch
The light made her a thing of silver and mystery
Eisteddodd wrth ei draed
He sat down at her feet
Dywedodd wrthi ei fod yn ei charu hi
and he told her he loved her
Ac efe a ddywedodd wrthi pa mor hardd yr oedd hi yn

ymddangos iddo
and he told her how beautiful she seemed to him
Roedd ganddo lais cariad
He had a lover's voice
Siaradodd â pharch tyner a ddaeth yn agos at awch
he spoke with a tender reverence that came near to awe
Nid oedd hi erioed wedi cael ei chyffwrdd gan gariad
she had never before been touched by adoration
Nid oedd yn gwneud ateb pendant iddo
She made him no definite answer
ond roedd yn amlwg fod ei eiriau yn plesio hi
but it was clear his words pleased her
Ar ôl hynny, siaradodd â hi pryd bynnag y gallai
After that he talked to her whenever he could
Daeth y dyffryn yn fyd iddo
the valley became the world for him
roedd y byd y tu hwnt i'r mynyddoedd yn ymddangos yn ddim mwy na stori dylwyth teg
the world beyond the mountains seemed no more than a fairy tale
Efallai un diwrnod y gallai ddweud wrthi am y straeon hyn
perhaps one day he could tell her of these stories
Yn betrus iawn ac yn ddidrugaredd, siaradodd â hi am ei golwg
Very tentatively and timidly, he spoke to her of sight
Ymddengys iddi y ffansïau mwyaf barddonol
sight seemed to her the most poetical of fancies
Gwrandawodd yn astud ar ei ddisgrifiad
she attentively listened to his description
Ac efe a fynegodd iddi hi am y sêr a'r mynyddoedd,
he told her of the stars and the mountains
Ac efe a ganmolodd ei harddwch gwyn-oleuedig melys
and he praised her sweet white-lit beauty
Doedd hi ddim yn credu'r hyn roedd yn ei ddweud
She did not believe what he was saying
A doedd ganddi ddim ond hanner deall yr hyn yr oedd yn ei

olygu
and she could only half understand what he meant
Ond roedd hi'n hynod o falch
but she was mysteriously delighted
ac ymddengys iddo ei bod yn deall yn llwyr
and it seemed to him that she completely understood

Collodd ei gariad ei awch a chymryd dewrder
His love lost its awe and took courage
Roedd eisiau gofyn i'r henuriaid am ei llaw mewn priodas
He wanted to ask the elders for her hand in marriage
Ond roedd hi'n ofnus ac yn oedi
but she became fearful and delayed
roedd yn un o'i chwiorydd hynaf a ddywedodd wrth Yacob gyntaf
it was one of her elder sisters who first told Yacob
Dywedodd wrtho fod Medina-sarote a Nunez mewn cariad
she told him that Medina-sarote and Nunez were in love
Roedd gwrthwynebiad mawr i'r briodas
There was very great opposition to the marriage
Nid oedd y gwrthwynebiad oherwydd eu bod yn ei gwerthfawrogi
the objection wasn't because they valued her
Ond roedden nhw'n gwrthwynebu oherwydd eu bod nhw'n meddwl amdano fel rhywbeth gwahanol
but they objected because they thought of him as different
roedd yn dal i fod yn beth idiot ac anghymwys iddyn nhw
he was still an idiot and incompetent thing for them
maent yn ei ddosbarthu o dan y lefel a ganiateir o ddyn
they classed him below the permissible level of a man
Roedd ei chwiorydd yn gwrthwynebu'r briodas yn chwerw
Her sisters opposed the marriage bitterly
Roeddent yn ofni y byddai'n dod ag amharchus ar bob un ohonynt
they feared it would bring discredit on them all
Roedd hen Yacob wedi ffurfio math o hoffter ar gyfer Nunez

old Yacob had formed a sort of liking for Nunez
Ef oedd ei serf neis, ond trwsgl a ufudd
he was his nice, but clumsy and obedient serf
Ond ysgydwodd ei ben yn y cynnig
but he shook his head at the proposal
Dywedodd na allai'r peth fod
and he said the thing could not be
Roedd y dynion ifanc i gyd yn ddig
The young men were all angry
Nid oeddent yn hoffi'r syniad o lygru'r ras
they did not like the idea of corrupting the race
ac aeth un mor bell â tharo Nunez
and one went so far as to strike Nunez
ond tarodd Nunez yn ôl ar y dyn
but Nunez struck back at the man
Yna, am y tro cyntaf, daeth o hyd i fantais wrth weld
Then, for the first time, he found an advantage in seeing
hyd yn oed trwy cyfnos gallai ymladd yn well na'r dyn dall
even by twilight he could fight better than the blind man
Ar ôl y frwydr honno dros drefn newydd wedi ei sefydlu
after that fight was over a new order had been established
Doedd neb erioed wedi meddwl codi llaw yn ei erbyn eto
no one ever thought of raising a hand against him again
Ond roedden nhw'n dal i gael ei briodas yn amhosib
but they still found his marriage impossible
Roedd gan Old Yacob dyner i'w ferch fach olaf
Old Yacob had a tenderness for his last little daughter
Roedd yn galaru am ei chael hi'n wylo ar ei ysgwydd
he was grieved to have her weep upon his shoulder
"Gwelwch, fy mab, mae'n idiot"
"You see, my dear, he's an idiot"
"Mae ganddo ddirgelwch am y byd"
"He has delusions about the world"
'Dim byd y gall ei wneud yn iawn'
"there isn't anything he can do right"
"Rwy'n gwybod," wylo Medina-sarote

"I know," wept Medina-sarote
"Mae'n well nag oedd e"
"But he's better than he was"
"Am ei holl ymdrech, mae'n gwella"
"for all his trying he's getting better"
"Mae'n gryf ac yn garedig i mi"
"And he is strong and kind to me"
"gryfach a mwy caredig nag unrhyw ddyn arall yn y byd"
"stronger and kinder than any other man in the world"
"Ac mae'n fy ngharu i. "O Dad, yr wyf yn ei garu."
"And he loves me. And, father, I love him"
Roedd Old Yacob yn ofidus iawn o ddod o hyd iddi anghysuradwy
Old Yacob was greatly distressed to find her inconsolable
yr hyn a'i gwnaeth yn fwy trallodus yw ei fod yn hoffi Nunez am lawer o bethau
what made it more distressing is he liked Nunez for many things
Felly aeth ac eistedd yn ystafell y cyngor heb ffenestr
So he went and sat in the windowless council-chamber
gwyliodd yr henuriaid eraill a thuedd y sgwrs
he watched the other elders and the trend of the talk
Ar yr amser iawn, cododd ei lais
at the proper time he raised his voice
"Mae e'n well nag oedd e pan ddaeth e aton ni"
"He's better than he was when he came to us"
"Mae'n debygol iawn, ryw ddydd, y byddwn yn ei gael ef mor wallgof â ni ein hunain"
"Very likely, some day, we shall find him as sane as ourselves"
Roedd un o'r henuriaid yn meddwl yn ddwfn am y broblem
one of the elders thought deeply about the problem
Roedd yn feddyg mawr ymhlith y bobl hyn
He was a great doctor among these people
Roedd ganddo feddwl athronyddol a dyfeisgar iawn
he had a very philosophical and inventive mind
roedd y syniad o gywiro Nunez o'i hynodion yn apelio ato

the idea of curing Nunez of his peculiarities appealed to him
diwrnod arall roedd Yacob yn bresennol mewn cyfarfod arall
another day Yacob was present at another meeting
Dychwelodd y meddyg mawr i bwnc Nunez
the great doctor returned to the topic of Nunez
"Rwyf wedi archwilio Nunez," meddai
"I have examined Nunez," he said
"Ac mae'r achos yn gliriach i mi"
"and the case is clearer to me"
"Rwy'n credu y gallai gael ei iacháu"
"I think very probably he might be cured"
"Dyma'r hyn yr wyf wedi gobeithio erioed," meddai hen Yacob
"This is what I have always hoped," said old Yacob
"Mae ei ymennydd yn cael ei effeithio," meddai'r meddyg dall
"His brain is affected," said the blind doctor
Yr henuriaid yn grwgnach mewn cytundeb
The elders murmured in agreement
"Beth sy'n effeithio nawr?" gofynnodd y meddyg
"Now, what affects it?" asked the doctor
"Mae hyn," meddai'r doctor, yn ateb ei gwestiwn ei hun
"This," said the doctor, answering his own question
"Y pethau queer hynny sy'n cael eu galw'n llygaid"
"Those queer things that are called the eyes"
"Maen nhw'n bodoli i wneud indentation agreeable yn yr wyneb"
"they exist to make an agreeable indentation in the face"
"Mae'r llygaid yn sâl, yn achos Nunez"
"the eyes are diseased, in the case of Nunez"
"Yn y fath fodd fel ei fod yn effeithio ar ei ymennydd"
"in such a way that it affects his brain"
"Mae ei lygaid yn llamu allan o'i wyneb"
"his eyes bulge out of his face"
"Mae ganddo amrannau, ac mae ei amrannau yn symud"

"he has eyelashes, and his eyelids move"
"O ganlyniad, mae ei ymennydd mewn cyflwr o lid cyson"
"consequently, his brain is in a state of constant irritation"
"Ac felly, mae popeth yn tynnu sylw ato"
"and so, everything is a distraction to him"
Gwrandawodd Yacob yn astud ar yr hyn yr oedd y meddyg yn ei ddweud
Yacob listened intently at what the doctor was saying
"Rwy'n credu efallai y byddaf yn dweud gyda sicrwydd rhesymol bod gwellhad"
"I think I may say with reasonable certainty that there is a cure"
"Y cyfan sydd angen i ni ei wneud yw llawdriniaeth llawfeddygol syml a hawdd"
"all we need to do is a simple and easy surgical operation"
"Mae hyn i gyd yn golygu cael gwared â'r llygaid cythryblus"
"all this involves is removing the irritant eyes"
"A fydd e'n drewi?"
"And then he will be sane?"
"Yna bydd e'n hollol ddigalon"
"Then he will be perfectly sane"
"A bydd yn ddinesydd eithaf clodwiw"
"and he'll be a quite admirable citizen"
"Diolch i'r nefoedd am wyddoniaeth!" meddai hen Yacob
"Thank Heaven for science!" said old Yacob
ac aeth allan ar unwaith i ddweud wrth Nunez am y newyddion da
and he went forth at once to tell Nunez of the good news
Ond doedd Nunez ddim mor frwdfrydig am y syniad
But Nunez wasn't quite as enthusiastic about the idea
Derbyniodd y newyddion gydag oerni a siom
he received the news with coldness and disappointment
"Nid yw tôn eich llais yn ennyn hyder"
"the tone of your voice does not inspire confidence"
"Efallai eich bod chi'n meddwl nad ydych chi'n gofalu am fy

merch"
"one might think you do not care for my daughter"

Medina a berswadiodd Nunez i wynebu'r llawfeddygon dall
It was Medina who persuaded Nunez to face the blind surgeons
"Dydych chi ddim eisiau i mi," meddai, "i golli fy rhodd o olwg?"
"You do not want me," he said, "to lose my gift of sight?"
Ysgydwodd ei phen
She shook her head
'Mae fy myd yn olygfa'
"My world is sight"
Roedd ei phen yn disgyn yn is
Her head drooped lower
'Mae yna bethau hyfryd'
"There are the beautiful things"
'Mae'r byd yn llawn o bethau bychain'
"the world is full of beautiful little things"
"Mae'r blodau a'r cennau yng nghanol y creigiau"
"the flowers and the lichens amidst the rocks"
"Y golau a'r meddalwch ar ddarn o ffwr"
"the light and softness on a piece of fur"
"yr awyr bell gyda'i gwawr drifftio o gymylau"
"the far sky with its drifting dawn of clouds"
'Y machlud a'r sêr'
"the sunsets and the stars"
"Ac mae yna ti"
"And there is you"
"I chi yn unig, mae'n dda cacl golwg"
"For you alone it is good to have sight"
"Mae gweld eich golwg wyneb melys, tawel yn dda"
"to see your sweet, serene face sight is good"
'Gweld dy wefusau caredig'
"to see your kindly lips"
"Eich dwylo hardd, annwyl wedi'u plygu gyda'i gilydd"

"your dear, beautiful hands folded together"
"Fy llygaid i yw'r rhain rydych chi wedi'u hennill"
"it is these eyes of mine you won"
"Y llygaid hyn sy'n fy nal i atoch chi"
"it is these eyes that hold me to you"
"Ond y llygaid hyn y mae'r idiots hynny yn ceisio"
"but it is these eyes that those idiots seek"
"Yn lle hynny, mae'n rhaid i mi gyffwrdd â chi"
"Instead, I must touch you"
"Byddwn yn eich clywed chi, ond ni fyddaf byth yn eich gweld eto"
"I would hear you, but never see you again"
"A ddylwn i ddod o dan y to hwnnw o graig a charreg a thywyllwch?"
"must I come under that roof of rock and stone and darkness?"
"Y to ofnadwy hwnnw y safai eich dychymyg oddi tano"
"that horrible roof under which your imaginations stoop"
"Nac ydw; Oni fyddech wedi i mi wneud hynny?"
"no; you would not have me do that?"
Roedd amheuaeth anghytunadwy wedi codi ynddo
A disagreeable doubt had arisen in him
Stopiodd a gadael y peth dan sylw
He stopped and left the thing in question
Dywedodd: "Rwy'n dymuno weithiau na fyddech chi'n siarad fel 'na."
she said, "I wish sometimes you would not talk like that"
"Fel beth?" gofynnodd Nunez
"talk like what?" asked Nunez
"Rwy'n gwybod bod eich golwg yn brydferth"
"I know your sight is pretty"
'Eich dychymyg'
"It is your imagination"
"Rwyf wrth fy modd yn awr, ond nawr ..."
"I love it, but now..."
Roedd yn teimlo'n oer wrth ddifrifoldeb ei geiriau
He felt cold at the gravity of her words

'Nawr?' meddai, yn ddi-fai
"Now?" he said, faintly
Eisteddodd yn llonydd heb ddweud dim
She sat quite still without saying anything
"A ydych yn meddwl y byddwn i'n well heb fy llygaid?"
"you think, I would be better without my eyes?"
Roedd yn sylweddoli pethau'n gyflym iawn
He was realising things very swiftly
Roedd yn teimlo'n ddig wrth gwrs diflas tynged
He felt anger at the dull course of fate
Ond roedd hefyd yn cydymdeimlo â'i diffyg dealltwriaeth
but he also felt sympathy for her lack of understanding
ond roedd ei gydymdeimlad tuag ati yn debyg i drueni
but his sympathy for her was akin to pity
'Annwyl,' meddai wrth ei gariad
"Dear," he said to his love
Roedd ei hysbryd yn pwyso yn erbyn y pethau na allai eu dweud
her spirit pressed against the things she could not say
Rhoddodd ei freichiau amdani ac fe gusanodd ei chlust
He put his arms about her and he kissed her ear
ac eisteddasant am gyfnod mewn distawrwydd
and they sat for a time in silence
"Pe bawn i'n cydsynio i hyn?" meddai o'r diwedd
"If I were to consent to this?" he said at last
mewn llais a oedd yn garedig iawn
in a voice that was very gentle
Gafaelodd yn ei breichiau amdano, gan wylo'n wyllt
She flung her arms about him, weeping wildly
"Os ydych chi'n mynd i wneud hynny," meddai hi.
"Oh, if you would do that," she sobbed
Os mai dim ond un peth y byddech chi'n ei wneud!
"if only you would do that one thing!"

Nid oedd Nunez yn gwybod dim o gwsg yn yr wythnos cyn y llawdriniaeth
Nunez knew nothing of sleep in the week before the operation

y llawdriniaeth a oedd i'w godi o'i gaethiwed a'i israddoldeb
the operation that was to raise him from his servitude and inferiority
y llawdriniaeth a oedd i'w godi i lefel dinesydd dall
the operation that was to raise him to the level of a blind citizen
Tra oedd y lleill yn ymdrybaeddu'n hapus, eisteddodd yn browd
while the others slumbered happily, he sat brooding
Trwy'r oriau cynnes, heulog crwydrodd yn ddi-nod
all through the warm, sunlit hours he wandered aimlessly
a cheisiodd ddwyn ei feddwl i ddwyn ar ei benbleth
and he tried to bring his mind to bear on his dilemma
Rhoddodd ei ateb a'i gydsyniad
He had given his answer and his consent
Ac eto, nid oedd yn sicr a oedd yn iawn
and still he was not sure if it was right
Cododd yr haul mewn ysblander dros y cribau aur
the sun rose in splendour over the golden crests
Roedd ei ddiwrnod olaf o weledigaeth wedi dechrau iddo
his last day of vision had began for him
Cafodd ychydig funudau gyda Medina-sarote cyn iddi fynd i gysgu
He had a few minutes with Medina-sarote before she went to sleep
"Yfory," meddai, "ni chaf weld mwy."
"Tomorrow," he said, "I shall see no more"
'Annwyl galon!' atebodd
"Dear heart!" she answered
a hi a wasgodd ei ddwylo â'i holl nerth.
and she pressed his hands with all her strength
"Maen nhw'n brifo chi, ond ychydig"
"They will hurt you, but little"
"Rydych chi'n mynd drwy'r boen hon"
"you are going to get through this pain"
"Rydych chi'n mynd drwyddo, annwyl gariad, i mi"

"you are going through it, dear lover, for me"
"Os gall calon a bywyd menyw ei wneud, talaf yn ôl i chwi."
"if a woman's heart and life can do it, I will repay you"
"Fy anwylaf un," meddai mewn llais tyner, "Byddaf yn ad-dalu"
"My dearest one," she said in a tender voice, "I will repay"
Roedd yn druenus iddo'i hun a'i
He was drenched in pity for himself and her
Gafaelodd yn ei breichiau a phwysodd ei wefusau wrthi.
He held her in his arms and pressed his lips to hers
ac roedd yn edmygu ei wyneb melys am y tro olaf
and he admired her sweet face for the last time
"Hwyl fawr!" sibrydiodd wrth olwg annwyl ei
"Good-bye!" he whispered to the dear sight of her
Ac yna mewn distawrwydd trodd i ffwrdd oddi wrthi
And then in silence he turned away from her
Roedd hi'n gallu clywed ei ôl araf yn encilio ôl traed
She could hear his slow retreating footsteps
rhywbeth yn rhythm ei ôl traed taflu hi i mewn i angerdd o wylo
something in the rhythm of his footsteps threw her into a passion of weeping

Roedd e wedi bwriadu mynd i le unig
He had fully meant to go to a lonely place
i'r dolydd gyda'r narcissus gwyn hardd
to the meadows with the beautiful white narcissus
yno yr oedd efe yn dymuno aros hyd awr ei aberth.
there he wanted remain until the hour of his sacrifice
Ond wrth iddo gerdded fe gododd ei lygaid
but as he walked he lifted up his eyes
Ac efe a welodd y bore a'i olwg
and he saw the morning with his sight
Roedd fel angel yn disgleirio mewn arfwisg aur
it was like an angel shining in golden armour
Roedd yn caru Medina-sarote
he truly did love Medina-sarote

Roedd yn barod i roi'r gorau i'w golwg iddi
he was prepared to give up his sight for her
roedd yn mynd i fyw gweddill ei oes yn y dyffryn
he was going to live the rest of his life in the valley
Aeth yr angel i lawr trwythau'r dolydd
the angel marched down the steeps of the meadows
ac mae'n golchi popeth yn ei olau aur
and it bathed everything in its golden light
Heb unrhyw rybudd newidiodd rhywbeth ynddo
without any notice something in him changed
nid oedd gwlad y deillion yn ddim mwy na phwll o bechod
the country of the blind was no more than a pit of sin
Nid oedd yn troi o'r neilltu fel yr oedd wedi bwriadu ei wneud
He did not turn aside as he had meant to do
Ond aeth ymlaen a mynd trwy'r wal
but he went on and passed through the wall
Oddi yno aeth allan ar y creigiau
from there he went out upon the rocks
Roedd ei lygaid ar y rhew a'r eira heulog
his eyes were upon the sunlit ice and snow
gwelodd eu harddwch diddiwedd
he saw their infinite beauty
Esgynnodd ei ddychymyg dros y copaon
his imagination soared over the peaks
Aeth ei feddyliau i'r byd na fyddai'n ei weld eto
his thoughts went to the world he wouldn't see again
Meddyliodd am y byd rhydd mawr hwnnw
he thought of that great free world
y byd yr oedd yn barod i gyfrannu ohono
the world that he was prepared to part from
y byd a oedd yn eiddo iddo ef ei hun
the world that was his own
ac roedd ganddo weledigaeth o'r llethrau pellach hynny
and he had a vision of those further slopes
aeth ei feddwl ag ef trwy'r cymoedd yr oedd wedi dod

ohonynt
his mind took him through the valleys he had come from
Aeth ar hyd yr afon i'r dref
he went along the river into the city
yn ei feddwl roedd yn gallu gweld Bogota
in his mind he could see Bogota
Roedd ei ddychymyg yn ei gario trwy'r ddinas
his imagination carried him through the city
Lle o harddwch cynhyrfus lluosog
a place of multitudinous stirring beauty
gogoniant yn y dydd, dirgelwch goleuol gyda'r nos
a glory by day, a luminous mystery by night
lle o balasau a ffynhonnau
a place of palaces and fountains
Lle o gerfluniau a thai gwyn
a place of statues and white houses
Aeth ei feddwl gydag ef allan o'r dref
his mind went with him out the city
Dilynodd daith afon
he followed the journey of a river
Aeth yr afon trwy'r pentrefi a'r coedwigoedd
the river went through the villages and forests
Daeth stemar mawr yn tasgu gan
a big steamer came splashing by
Agorodd glannau'r afon i'r môr
the banks of the river opened up into the sea
y môr diderfyn gyda'i filoedd o ynysoedd
the limitless sea with its thousands of islands
Roedd yn gallu gweld golau'r ynysoedd a'r llongau
he could see the lights of the islands and the ships
Bywyd yn parhau ar bob ynys fach
life continued on each little island
a meddyliodd am y byd mwy
and he thought about that greater world
Edrychodd i fyny a gweld yr awyr ddiddiwedd
he looked up and saw the infinite sky

nid oedd fel yr awyr yn nyffryn y deillion
it was not like the sky in the valley of the blind
Disg fach wedi'i thorri i ffwrdd gan fynyddoedd
a small disk cut off by mountains
Ond, bwa o las dwfn anfesuradwy
but, an arch of immeasurably deep blue
ac yn hyn gwelodd y sêr yn cylchredeg
and in this he saw the circling of the stars
Dechreuodd ei lygaid graffu ar gylch y mynyddoedd
His eyes began to scrutinise the circle of mountains
edrychodd arno ychydig yn fwy nag yr oedd o'r blaen
he looked at it a little keener than he had before
"Efallai y gallai rhywun fynd i fyny mor gully"
"perhaps one could go up that gully"
"O'r fan honno gallai rhywun gyrraedd y copa hwnnw"
"from there one could get to that peak"
"Yna gallai un ddod allan ymhlith y coed pinwydd hynny"
"then one might come out among those pine trees"
"Efallai na fydd y llethr heibio'r pinwydd mor serth"
"the slope past the pines might not be so steep"
"Ac yna efallai y gellir dringo'r wal yna"
"and then perhaps that wallface can be climbed"
"Lle mae'r eira yn dechrau, bydd yna afon"
"where the snow starts there will be a river"
'O'r fan honno dylai fod llwybr'
"from there there should be a path"
"Ac os yw'r llwybr hwnnw'n methu, i'r Dwyrain mae bylchau eraill"
"and if that route fails, to the East are other gaps"
"Byddai angen ychydig o lwc dda"
"one would just need a little good fortune"
Cerddodd yn ôl i'r pentref
He glanced back at the village
Ond roedd yn rhaid iddo edrych arno unwaith eto
but he had to look at it once more
edrychodd i lawr i wlad y deillion

he looked down into the country of the blind
meddyliodd am Medina-sarote, cysgu yn ei chwt
he thought of Medina-sarote, asleep in her hut
ond roedd hi wedi mynd yn fach ac anghysbell iddo
but she had become small and remote to him
Trodd eto tua'r wal fynydd
he turned again towards the mountain wall
y mur yr oedd wedi dod i lawr y diwrnod hwnnw
the wall down which he had come down that day
Yna, yn amgylchynol iawn, dechreuodd ei ddringfa
then, very circumspectly, he began his climb
Pan ddaeth machlud nid oedd bellach yn dringo
When sunset came he was no longer climbing
ond yr oedd yn bell ac yn uchel i fyny'r dyffryn
but he was far and high up the valley
Torrwyd ei ddillad a gwaedwyd ei goesau
His clothes were torn and his limbs were bloodstained
Cafodd ei hanafu mewn sawl lle
he was bruised in many places
ond gorweddodd fel pe bai ar ei rwydd
but he lay as if he were at his ease
Ac roedd gwên ar ei wyneb
and there was a smile on his face
O'r fan lle y gorffwysodd roedd y dyffryn yn ymddangos fel pe bai mewn pwll
From where he rested the valley seemed as if it were in a pit
Erbyn hyn roedd bron i filltir yn is nag ef
now it was nearly a mile below him
Roedd y pwll eisoes yn dywyll gyda niwl a chysgod
the pit was already dim with haze and shadow
Roedd copaon y mynyddoedd o'i gwmpas yn bethau o olau a thân
the mountain summits around him were things of light and fire
Roedd y pethau bychain yn y creigiau yn llawn goleuni a harddwch

the little things in the rocks were drenched with light and beauty
gwythïen o fwynau gwyrdd yn tyllu'r llwyd
a vein of green mineral piercing the grey
fflach o grisial bach yma ac acw
a flash of small crystal here and there
golau oren munud hardd yn agos at ei wyneb
a minutely-beautiful orange light close to his face
Roedd cysgodion dwfn, dirgel yn y ceunant
There were deep, mysterious shadows in the gorge
Deepened glas i borffor, a phorffor i mewn i dywyllwch goleuol
blue deepened into purple, and purple into a luminous darkness
Drosto oedd ehangder diddiwedd yr awyr
over him was the endless vastness of the sky
Ond ni wrandawodd ar y pethau hyn mwyach.
but he heeded these things no longer
Yn lle hynny, gosododd yn llonydd iawn yno
instead, he laid very still there
gwenu, fel pe bai'n fodlon nawr
smiling, as if he were content now
cynnwys sydd wedi dianc o ddyffryn y deillion
content to have escaped from the valley of the Blind
y dyffryn yr oedd wedi meddwl ei fod yn frenin ynddo
the valley in which he had thought to be King
Mae tywyn y machlud wedi pasio
the glow of the sunset passed
A'r nos a ddaeth gyda'i tywyllwch
and the night came with its darkness
Ac efe a orweddodd yno, dan y sêr oer, eglur
and he lay there, under the cold, clear stars

Y diwedd / The End

www.tranzlaty.com

Milton Keynes UK
Ingram Content Group UK Ltd.
UKHW041026271123
433339UK00004B/80